你的愛情不必太仙氣

——最接地氣的愛情心理學

瑞昇文化

前言
學會從「戀愛」到「結婚」隨心所欲掌控自如的技巧！

從未有過與「戀愛」或「結婚」相關的煩惱—這樣的社會人士應該幾乎是沒有的吧！大抵來說，不論是男人還是女人，應該或多或少都有過一些不如意的過往。說不定也有人目前正好就處在這樣的狀態之下吧！

甚至是，在不久後的將來即將面對各種戀愛的煩惱—這樣的人應該也為數不少才對。

本書便形同是一種處方箋，要來為大家所懷抱戀愛相關煩惱，提供解決方法。

為「在這種時候，應該要如何應對？」的情況，提供強而有力的解決對策。

總之就是想變得受異性歡迎。

怎麼做才能看清一個人？

要怎麼做才能夠順利接近嚮往的異性，甚至是邀約？
什麼樣的約會才能夠抓住對方的心？
用什麼樣的話術才能把人拐上床？
如何才能將已經死會的人橫刀奪愛？
要怎麼做才能讓對方下定決定結婚？
偷吃快要穿幫時，應該要如何應對進退？
該怎麼做才能漂亮分手而不被對方跟蹤糾纏？

如果其中有一項是你有想到的疑問，那麼我會希望你能夠讀完這本書。

因為本書囊括了從「戀愛」到「結婚」的範疇。

我確信─從「戀愛」到「結婚」相關的各種你所懷抱著的煩惱，都能從書中羅列的50項處方箋中獲得解決方法。

請試著將你腦中「熱烈無比的想法」於現實生活中及早實現。

作者

第1章 拉近距離篇

提高自身魅力，巧妙接近異性！

第2章 約會篇

使勁全力地縮短和對方之間的距離！

ONE POINT ADVICE

第3章 戀人・夫妻篇

幸福的關係該如何長久維持下去？

第1章 拉近距離篇

提高自身魅力，
巧妙接近異性！

讓他人對自己的第一印象勝過俊男或美女的方法

男人與女人在「初次相遇的瞬間」，會先留意對方哪裡？

男人與女人於「初次相遇的瞬間」，便會出於本能（無意識）地觀察對方。在不到１秒鐘的極短時間內就做出反應，可說是大腦的一種反射性動作。它作為動物的本能，令我們在極短的時間之內就能判斷對方是否具有危險、是否能對其放下心來，與此同時，也對其做出判斷價值。

當女人映入男人的眼簾時，男人的視覺會依循「體型」↓「臉」↓「服裝」↓「隨身物品」……的順序觀察女人。

當男人映入女人的眼簾時，女人的視覺會依循「服裝」↓「隨身物品」↓「體型」↓「臉」……的順序觀察男人。

在瞬間便為對方的存在，做出「令自己舒坦」、「令自己不舒坦」的判斷。

男人之所以會無意識地按照那樣的順序來觀察女人，可以說是為了要去判斷眼前的女人是否會是一位足以替自己延續後代的個體。

相反地，女人無意識地按照那樣的順序去觀察男人，則可以說是為了要去判別眼前的男人是否具有足夠的能力去保護自己與養育後代。

也就是說，人們會在無意識之中，出於本能地去推斷異性的存在價值。

此時，若判斷對方屬於有好感的對象，臉部便會浮現一種被視為是微表情的極小微笑反應。而若是沒有好感的話，眉頭會靠攏，嘴角也會輕微歪曲。當然，除非本身是微表情研究專家，否則應該很少人能夠察覺到這些臉部的微小變化。因為那是大腦在迅雷不及掩耳的速度之下所做出的瞬間反應。

⚥ 相遇瞬間的「最剛開始」是帥哥與美女得利！

我們已經知道，男人與女人在一開始見到對方的時候，便會在瞬間為對方做出價值判斷。

而這樣的「初次相遇的瞬間」當然無條件是俊男美女得利。因為他們出眾的外貌會讓人產生他們各方面都很優秀的錯覺。這便是所謂的**「月暈效應（Halo Effect）」**。

以俊男美女來說，長相俊俏的男人會令人覺得他具備不錯的社會地位（任職大公司等）或經濟狀況良好；面容美麗的女人則是會散發出高尚而優雅的氛圍，掩蓋其不足之處。

不論在任何狀況下，初次相遇的瞬間，對俊男與美女來說都是壓倒性有利的。

而第一印象之所以如此重要，便是因為這個在瞬間形成的印象，會影響到日後的關係發展。

在心理學上，外貌著實大大地左右了**「首次見面的第一印象」**的形成。

⚥若非俊男美女，就應在剛見面之時給予對方一種「安心」感！

換言之，在初次相遇的瞬間，避免讓異性覺得受到威脅，將「安心」的感覺傳達給對方是很重要的一件事。俊男與美女正是因為能在這個「瞬間決勝負」的當下，立即帶給對方「安心」的感受，所以才會如此有利。只不過，這種會令人聯想到「就連內在也都很棒」的「月暈效應（Halo Effect）」，它的鍍金假象亦會在日後漸漸剝落，所以也不能夠太過憑恃外貌。

那麼，對於並非俊男與美女的普通人，或長相不好看、樣貌凶狠、面色陰沉的人，應如何在初次相遇瞬間提高異性對自己的好感度呢？

其實，只要盡力展現「最佳笑容」，就有可能在對方心中留下不輸俊男或美女的良好印象。因為展露笑容便是將「安心」傳達給對方最有用的手段。

只要能夠展露出「打從心裡為彼此的初次相遇感到喜悅、開心」的笑容就可以了。

不過，雖然說起來很簡單，但要露出看上去自然不矯情的「最佳笑容」可是意外地頗有難度呢！

「最佳笑容」可發揮與俊男美女相匹敵的「月暈效應」！

若想要像偶像或空服員一樣，隨時皆可向任何人展露出「最佳笑容」，只能藉由在鏡子面前反覆練習，將自身笑容的「形狀記憶」變成習慣化。

這樣的「最佳笑容」當然是一種假笑，然而，現今已有各種心理學的實驗能夠證明，即便是假笑，也能在對方心中留下強烈的良好印象。

自然而然地露出笑容時，人的眼睛會變得細長，而展露「最佳笑容」的重點反倒是在於要如同嚇到一般地雙眉向上揚、雙眼睜大，像鴨子嘴巴那樣微噘嘴唇露出牙齒，展現笑容來打招呼。

光是這樣，就能讓自己也擁有不輸給俊男或美女的「月暈效應」。而且實際上，這樣的笑容其實是一種，任何人巧遇自己最喜歡的熟人，都會吃驚地露出的自然表情。

為此，在初次見面的時候露出這樣的笑容，就能夠令對方產生自身極為受到歡迎的感受。

✧讓效果更顯著的重點✧

長相不好看或是樣貌凶狠的人，在初次見面之時，請盡力地展現「最佳笑容」吧！

從「大多數人」之中脫穎而出變親近的方法

♀♂ 發送「好感訊號」，若無其事地介紹自己的方法！

當你在自己的職場、下班之後去進修的英語會話學校或健身俱樂部等地方，碰到覺得「真不錯」的異性時，你會怎麼做呢？總會在不知不覺中，無意識地將目光鎖定在對方身上——這樣的情形是不是變得頻繁起來了呢？

沒過多久，你所投過去的視線被對方察覺，於是你們的目光相交，你慌忙地轉移視線——這樣難為情的狀況通常也會隨之發生。

這樣的狀況發展，會成為令對方開始注意到你的契機，也稱不上是一件壞事。只是，一旦這樣的狀況頻繁地發生，對於老是被盯著看的人來說，或許也有可能會開始覺得哪裡不舒服。

「難道說，這個人喜歡我嗎？」如果對方是個對自己很有自信的人可能會這麼想，但是這種一直被人偷看的狀況，也有可能會讓對方覺得自己像是被跟蹤狂盯上。

與對方的目光對上之時，切記不可以慌張地移開自己的視線。

以一個呼吸的間隔，如前一小節所提及的那樣，眉毛微微往上挑，眼睛微微睜大，像鴨子嘴那樣微微噘嘴，輕輕地點點頭，做出這樣向對方打招呼示意的反應是很重要的。

僅僅只是如此，就能藉由用目光打招呼的形式，將「我對你有好感喔」這樣的「好感訊號」若無其事地傳達給對方。接著再將視線移往他處。

當然，不需要太過度地展現「最佳笑容」。稍微揚起嘴角，讓嘴唇稍微像鴨子嘴一樣微噘，這樣的表情在對方眼裡看起來就像是在微笑。

用這樣的方式向對方釋出好感，進而成為從「大多數人」脫穎而出的存在，之後要想邁向「令人在意的異性」身分的成功率便大為提升。

下一步，便可藉由不動聲色地反覆進行**「單純曝光」**來接近對方。

⚥ 運用「熟悉定律」中的「單純曝光效應」拉近距離！

所謂的「單純曝光效應（Mere Exposure Effect）」，便是指頻繁地讓自己出現在對方的視野裡面。

每天常在電視節目露面的通告藝人或經常出現在廣告裡的商品，往往令人在不知不覺之間對其熟悉起來，進而好感度隨之上升。這便是「單純曝光效應」。

意即，經常看到的人、事、物……會令人對其產生信賴感，也會產生較沒有距離感的錯覺。

人往往有著這麼一種習性，比起偶爾長時間相處的人，頻繁接觸好幾次的人事物，即便每次只有短短數十秒的接觸，也會令人產生更多的親近之感。

「單純曝光效應」作為心理學家・扎喬尼克（Robert B. Zajonc）提倡的情感交流要訣而聞名。它便是左列**「熟悉定律」**裡的第二項。

1 人們面對不熟悉的陌生人，往往會攻擊性、批判性地冷漠以對。
2 人們的好感會隨著接觸頻率的提高而有所增加（單純曝光效應）。
3 人們會在看見對方人性化的一面時，對其產生好感。

對意中人以外的人也勇於開口攀談，營造和緩氛圍！

具體來說，這個做法可以漸漸拉近和心儀對象的距離，在交談氛圍上面顯現出效果。

可以試著在打招呼的同時，若無其事地拋出提問或說說自身的趣談。

此時，自然而然地拉近雙方距離，也可以呼喚對方名字以示親近之感。

若是在職場上，可以先朝著「〇〇的通勤時間，大約是多久？」、「〇〇是哪裡人？」等面向提問。

英語會話學校或健身俱樂部等場合時，則可以提出像是「〇〇有報考TOEIC之類的檢定嗎？」、「健身時喜歡哪一種鍛鍊方式？」這種可以跟自己的答案做比較，較為簡單的閒聊。這樣一來，就能讓自己逐漸成為對方眼中經常會碰面、經常會聊上幾句的人，進而充分達成「單純曝光效應」。

特別要注意的是，不能表現出熱切傾慕對方之感，也不能以緊張到手忙腳亂的態度應對。為此，不只要向意中人開口攀談，也要以輕鬆的態度不過於拘謹地接觸周圍的人們。

如此一來，只要順利建立起既親近又能放心的友善關係，就能在下一個階段，試著邀對方喝杯茶或吃頓飯。

✧讓效果更顯著的重點✧

想從「大多數人」之中脫穎而出，重點在於要若無其事地反覆操作「單純曝光效應」。

讓自己成為對方心儀對象的方法

⚤喜歡「和自己趣味相投的人」。討厭「和自己南轅北轍的人」。

你可曾知道——人之所以會喜歡上一個人，又或者會去討厭一個人，這其中其實存在著一種機制？

人之所以會喜歡上一個人，前提條件便是這個人讓自己覺得「能夠安心」。而且，對方和自己之間更是必須要有著「相似之處」、「有共鳴之處」。

相反地，我們之所以會討厭一個人，則是因為對方使我們感到「威脅」，或是我們對其懷有不好的印象，而這正好也是我們自覺和對方之間「沒有相似之處」、「沒有共鳴」的時候。

那些在電視節目裡很活躍的通告藝人與我們素昧平生，但我們卻會對他們抱有喜歡與討厭的分別，這其中同樣也存在這樣的心理作用。

即便原本討厭某位通告藝人，也有人因為知道了該藝人在螢光幕背後的另一面，突然就開始轉為喜歡，甚至成為粉絲。而這種狀況，有很多都是因為該藝人跟自己有相同的看法或是有相同的興趣。也就是說，一旦有了共鳴之處，就容易隨之產生好感。

這是因為通常當人們得知討厭的人也跟自己有相同的喜好，就會突然湧現親近之感與夥伴意識，

「威脅」之感隨之消散，取而代之的是衍生出「安心」，好感便也就應運而生。

人們會對於跟自己在想法、興趣、嗜好上面相似或相同的人，抱有良好印象。這在心理學上面，被稱為**「共通點・相似定律」**。

當人們和初次見面的人攀談之後，發現對方的出身地和自己很近、曾就讀同一所學校、喜歡一樣的電視節目或支持一樣的體育運動隊伍，氣氛就會瞬間變得熱烈起來，彼此之間的親切感也隨之增加，也是基於這個原理。

在此順帶說個題外話，有件頗有意思的現象是，不論是情侶或夫妻，凡是長時間交往的伴侶，兩人的臉總有些說不上來的共通點存在。

若無「共鳴之處」，就會難以產生「親近感、好感」進而「被討厭」！

前面我們介紹到，如果有心儀的對象，儘可能地出現在對方周遭，不露聲色地反覆進行簡短接觸的「單純曝光」，可以在拉近雙方距離這件事上帶來良好效果。

不過，在實際執行這項動作的同時，漸進式地增加彼此之間都有共鳴的地方也是很重要的一點。

這是因為，就算再怎麼反覆進行「單純曝光」，只要那樣的「單純曝光」令對方覺得是「不愉快的」，最後也只會落得被討厭的下場。也就是說，和心儀對象的「單純曝光」，即便只有短短的接觸，也必須為對方帶來「愉快」的感覺。

舉例來說，當一個你很討厭的通告藝人出現電視節目或廣告裡面，只要一看到那個人，你就會瞬間覺得「很不開心」吧？

說話的時候總是在裝可愛、老是擺出一副很了不起的樣子、神色看起來很猥瑣等，雖然可能有很多理由才導致你覺得這位通告藝人討人厭，但其實原因在於每次你一看到他便感受到某項「威脅」，進而成為「不愉快」的感覺。

⚥不踩地雷的「共鳴性話題」相當重要！

反覆進行令對方感到不愉快的「單純曝光」的情況下，每當雙方有所接觸的時候，對方的反應便會顯得益發冷淡。

即便開口攀談，對方應該也不太願意看向你，並且會有刻意避開視線的反應。當對方顯露出躲避你的態度之時，這便代表你已被對方所討厭。應該是你不小心踩到對方「無法有共鳴」的地雷了吧！

這種狀況的應對方法，稍後將在100頁做介紹。現在我們先將重點放在如何不讓狀況演變到這種地步。

⚥營造「能引起共鳴的會話」的要點！

若無其事地反覆進行「單純曝光」以接近對方的這個階段，最重要的便是縮短與對方之間的「距離感」。為此可藉著「共通點・相似定律」，透過會話來尋找自己和對方都能有共鳴的「相似之處」、「共通之處」。

天氣的話題……「早上開始就這麼熱，真不舒服啊！」、「昨天雨下很大，還好嗎？」

對方喜歡的事、物……「○○那家店你去過之後覺得？」、「○○隊獲勝了耶！」

回憶的話題……「以前曾有○○這東西對吧？」、「小時候○○的遊戲曾經很流行對吧？」

有趣的事……「我最近也開始○○了！」、「貓咪還好嗎？」、「○○的魅力是什麼？」

眼前・周遭的事情……「這個，你有做過了嗎？」、「你知道車站前面的○○店嗎？」

用對方容易回答的簡單話題，儘可能地讓對方說話，自己則是扮演好傾聽者的角色。

✧讓效果更顯著的重點✧

從自己有同感的事情開始著手，從中尋找對方會有共鳴的事情，然後迎合對方。

讓心儀的男人對自己產生好感的接近方法

⚤男人之間最不擅長「肢體接觸」！

男人通常都會儘可能地避免，同性之間的肢體接觸。

這是因為男人一被同性的人碰到身體，就會本能地感受到「威脅」。

我們有時會在職場上看到，男上司輕拍男下屬的肩膀予以勉勵的場景，這種情形之所以能被允許是因為對方是自己的上司；若彼此之間是對等關係，這樣的動作就會被解讀成對方意欲強調自身的「優越性」，屬於「ＮＧ」行為。

男人之間因為存在著競爭意識，充其量握個手，或是在有什麼值得開心的時候禮貌性地擊個掌，都還算是在本能可以容許的範圍之內。

有時我們也會在團隊運動等場合上，看到同隊成員搭肩相互砥礪士氣的畫面，這也僅只是基於「對等的夥伴」意識而做出的慣例性儀式，並沒有其他特別的意義。因為肢體接觸會令人產生自己居於「劣勢」的感覺，所以男人大多不喜歡同性的肢體接觸。

⚢ 女人之間的肢體接觸則含有深意！

話說回來，女人反而和男人不同，即便同為女人，彼此間的肢體接觸也是相當稀鬆平常。因為女人擁有常會與同性互相確認同感與協調的本能，所以會以肢體接觸來進行包含彼此的友好程度確認或吸引周遭人的注意。而女人之間的肢體接觸，多半含有以下意思。

1 示好　2 確認對方的反應　3 確認自己並不落單　4 向周圍宣揚主張

⚥ 女人向男人做出的「肢體接觸」可成為最強武器！

如同前述所說，男人之間的身體接觸，與女人之間的身體接觸，各有不同的意義存在。

然而，不可思議的是，男人卻獨獨非常喜歡來自女人的肢體接觸。

不論是觸摸到身體、牽手、碰觸到手臂或上臂、被拉衣角……都會令男人喜不自勝。這是因為被女人所環繞是件備受歡迎的事情。

其中的理由其實非常地單純——這些舉動能讓他們覺得自己受到信賴。

這也能讓他們沉浸在自己受到喜愛的滿足感之中。

男人在本能上便有著希望碰觸女人身體的願望，但是為了不至於做出性騷擾的行為，便時常一個勁地壓抑著這樣的情感。

儘管如此，由女人所主動做出的肢體碰觸，反而會形成一種令他們感受到「預料之外的性刺激」的狀況。因而是件非常愉快的事。

女人用「笑容」與「肢體接觸」做出的單純曝光是攻掠男人的最強武器！

話說回來，其實在肢體接觸之前，男人便喜歡看到女人面帶「笑容」。

男人一被帶著笑容的女人搭話，就會覺得「自己是受到喜愛的」而無條件地覺得開心。這是大腦所做出的一種非常單純的反應。

因此，面對男人總是露出笑靨地做出輕微肢體接觸的女人，毫無疑問地會受到歡迎。因為她們是以快攻的方式攻陷男人並令他們感到愉快的對象。

這種情景若是被其他的女人看到，就會被視為是「向男人獻媚的女人」。

進而成為被嫉妒的對象，並且被其他女人所鄙視。

不過，這其實只是她們，將自己也想對男人示好而變得受男人歡迎，但卻做不到的懊惱，遷怒到做得到的女人身上而已。

雖然女人在以「笑容」與「肢體接觸」來吸引男人的時候，若沒好好挑對場景就會容易有風險，但只要能夠多加留意這一點，不論是什麼類型的女人，確實都能夠藉由這樣的手段去變得受男人歡迎。由女人主動攻掠男人，是件很容易的事。

女人學會靈活運用「被動抉擇性」的立場相當重要！

由此我們可以知道——就男人主動接近女人而變得關係親近，與女人主動接近男人而變得關係親近這兩種狀況來說，由女人主動接近的狀況壓倒性地更為有利且簡單。

基本上來說，這是因為男性的性，是主動抉擇的「性」，女性的性，則是被動抉擇的「性」。只要好好地反過來利用這項本能，女人就連飛上枝頭當鳳凰也不是件難事。希望各位女性朋友務必攻擊男人的這項弱點，藉以快速地攻掠心儀的男人。

✧讓效果更顯著的重點✧

女人面對鎖定的男人，可藉由「笑容」與「肢體接觸」的單純曝光輕易攻掠。

讓心儀的男人關注自己的有效方法

「喜歡的人」對自己沒興趣的悲慘現實！

希望職場上自己單戀的異性可以知道自己的存在，對自己感興趣、關注自己——很多人都會這樣希冀。

特別是容易自作多情的人，更是會相當在意對方如何看待自己。然後，因為是喜歡的人，這份單相思之情越是無可適從，越是益發高漲。這樣的情感壓抑長年累月下來，未免也太過於令人傷感。

對於這類較難主動積極接近對方的人來說，應該時常被這樣的煩惱所糾纏。

於是，實際上對方確實對自己完全沒有興趣——為這過於明顯的現實感到情緒低落，或是頹然洩氣地失落不已。但是，這樣是無法邁開步伐向前走的。

這樣的狀況，一分一秒也想要及早擺脫。

在這個小節裡，將會傳授如何自然而然地讓心儀的對象對自己產生興趣。請務必嘗試一次看看。

⚤「雞尾酒會效應」這種不可思議的現象！

你是否知道心理學的**「雞尾酒會效應（Cocktail Party Effect）」**？

在雞尾酒派對的會場上，參與派對的每個人展開各自的閒聊，相當地喧嚷嘈雜。每個人光是要和眼前的人進行交談就已經是相當竭盡全力了吧！

就在此時，偶然間聽到有人正說起與自己有關的話題——全身不由得為之一凜，下一秒便精準地向談論著自己的人那邊望去。「啊，○○先生和○○小姐好像在那邊說我的流言蜚語。」像這樣甚至連談論者都能有所掌握。這便是一種被稱為「雞尾酒會效應」的現象。這是一種不僅僅只侷限於跟自己有關的話題，就連心儀對象的談話內容都能自然而然略有所察的情況。

這種現象在人腦的運作方式中，被稱為「選擇性注意」。

正常情況下，應該會因為周遭吵鬧的聲音而聽不清楚遠處的交談聲，但不知為何卻單單只會在跟自己有關的談論，或是心儀之人的聲音上面，選擇性地發揮敏銳的探察能力。

這樣的一個感知現象雖然是以聽覺為主體，但實際上，視覺上面也常常充分展現了這樣的選擇性觀察能力。

⚤訴諸視覺的「雞尾酒會效應」指的是？

如果在職場上有單戀的對象，請不妨好好地觀察那個人一下。

所謂的觀察，便是指可以試著豎耳傾聽對方和周圍的人閒聊之時，都會談論什麼樣的話題。調查一下對方對於什麼樣的事情感興趣。

或者，也可以試著從周圍的人身上獲取關於那個人的各種情報。

主要是蒐集一些可以了解那個人「是什麼樣的人」的情報。例如，是哪裡人？是哪間學校畢業的？興趣是什麼？個性如何？喜歡哪一類型的人？

然後，連同對方座位周遭也記得都要好好地觀察一番。

像是桌上擺了哪些東西等等。根據這些觀察和蒐集而來的資訊，就能從各方面了解這個人。假設這位心儀對象是男性，可以蒐集到像是：出身自茨城縣水戶市，大學就讀○○學校的經濟系，曾參加體育會系網球部，是J聯盟○○隊的球迷，偶像則是支持乃木坂46成員的○○，一週有兩天會去上英文會話課，離家最近的車站是東橫線的學藝大學車站，住在單人套房公寓……。

若心儀對象是女性，可以蒐集到像是：出身自東京都目黑區，從JR目黑車站自宅通勤上班，大學就讀○○短期大學且曾加入袋棍球部，家中經營一間工務店，是三個姊妹裡面最小的，精通電腦，喜歡福音音樂（Gospel Music），曾有段時間沉迷寶可夢GO……。

⚥ 蒐集對方喜愛事物的周邊小物並先擺飾在自己的桌上！

只要先將如同上述一般的個人情報蒐集起來，之後再將自己身邊的用品替換成迎合對方喜好的物品就可以了。舉例來說，假如是要迎合前面提及的那個男性，可以先在自己的桌上擺放J聯盟〇〇隊的桌曆，再擺上手持網球拍的公仔，然後再將乃木坂46成員〇〇的個人扇子立在筆筒裡——。而若是要迎合前面提及的那個女性，可以在自己的桌上擺放寶可夢布偶，放上一本袋棍球競技解說書，將福音音樂的CD或DVD等東西擺在容易看到的地方。只要事先這麼做，當你的意中人路過你的位置時，就會將視線停留在「跟自己有共通點的東西」上面，接著便一定會出聲向你攀談。

只要對那些相關話題也事先做好深入的了解，輕輕鬆鬆就能夠變得親近起來。

這便是活用視覺，效果非常顯著的「雞尾酒會效應」的實踐例子。

✧讓效果更顯著的重點✧

僅只是將對方會感興趣的東西，以醒目的方式陳列出來，便能引發意中人的關注。

辨別男人大腦與女人大腦的不同並且變親近的方法

⚥「男人大腦」與「女人大腦」的不同在於？

男人與女人的思考方法，各有不同之處。其理由如下所述。

人類的腦分為「右腦」與「左腦」，「右腦」被視為是擅長處理感覺性、空間性的思考，而「左腦」則被認為是擅長處理語言性、數學性、邏輯性的思考。

「右腦」與「左腦」之間，由一個被稱為「腦梁」的神經纖維束所連結。

而這個「腦梁」在女人身上較為粗大，在男人身上則較為細小。

為此，當雙方在進行談話的時候，據說女人比男人更能平均地運用到「右腦」與「左腦」，男人則是單單僅會受到「左腦」的支配。

女人傾向憑藉直覺與感性思考，男人則是傾向理論性思考——一般普遍認為正是因為這樣的理由，才會顯現出這樣的差異。

於是，女人之間的談話會傾向於偏重彼此之間感覺性與情緒性的共鳴，相對於此，男人之間的談話則是以邏輯性思考為中心，重視事情的脈絡與憑據。

舉例來說，女人之間的談話會以彼此之間具有認同感為最優先。

A 「今天莫名地覺得好累喔！我現在啊，只想要趕快回家好好地泡個澡。」

B 「啊，我也是欸。今天不知為何特別覺得很累。肩膀整個僵硬。」

男人之間的會話，則是會以自己的理由為優先，甚至還可窺探到爭鋒相對的感覺。

A 「今天中午前的無聊會議真的令人心累啊。啊啊！好想喝瓶啤酒喔！」

B 「誰叫我們部長開會的時候話特別多。議會長根本阻止不了啊！」

如此這般，女人之間的談話乍聽之下沒頭沒尾，不像男人那樣執著於事情原委與原因。由於男女之間是如此地不同，所以與異性對話的時候，務必都要多加留意。

「男女對談時」須多加留意之處！

男人在向女人進行談話時，必須要特別注意「重視同感」。

相反地，女人在與男人聊天時，則必須要留心「重視邏輯」。

否則的話，就會像下一篇對話例子那樣，不了了之。

「今天莫名地覺得好累喔！我現在啊，只想要趕快回家好好地泡個澡。」

「欸？是什麼事害妳這麼累？啊！對了！中午前的開會開太久了？」

「嗯——，為什麼這麼累喔？開會也是原因之一啦……」

「因為開會開太久才覺得累的吧！不過通常有開會那天都是這樣的啊？」

「呃？是嗎？我好像不太會去注意到……」

「要是不好好分析出讓妳覺得累的原因、找出對策，下次又會覺得累了喔！」

「嗯——你說的也是有道理……啦……（聊天聊不下去）」

當這位女人說出「覺得好累」這樣的台詞時，其實內心只是希望男人可以站在她的立場，說句「太累啦？要不要緊？」，但這位男人卻開始想要去分析讓她覺得累的原因或理由。這樣一來就會令彼此之間的聊天開始牛頭不對馬嘴。由此可見，一開始就先對彼此之間的思考差距有所認識，在男女溝通上面是相當不可欠缺的前提。

在男人與女人的談話之中，男人在聽了女人的話之後，馬上就會想要去詢問其理由或原因、想去掌握談話的主導權。換句話說，男人具有無法扮演傾聽者角色的傾向——請先有這樣的自覺吧！

男人之中也有人具有「女人大腦」，女人之中亦有人具有「男人大腦」！

雖然男女之間的思考模式有如此的落差，但其實男人之中也有少部分人有「女人大腦」，女人之中也有少部分人有「男人大腦」。

這個部分可以從對話中做出判別，但是也有說法是說可藉由比較手指的長度去做判別。食指比無名指還短的人，具有「男人大腦」的特徵，絕大多數的男人應該都是這樣子的。

不過，男人之中也是存在著食指跟無名指一樣長，或是食指比無名指長的，這種具有「女人大腦」的人。這樣的說法，來自於英國心理學家約翰・T・曼寧（John T. Manning）博士的知名研究（指長比法則）——當老鼠在還是胎兒的時期暴露於較多的睪酮環境中，其食指就會長得比無名指還要短。

只不過，有人批評這種在老鼠身上做的研究無法套用到人類身上，但另一方面也有不少人認為參考性還是很高，因此關於其真偽，請不妨觀察身旁人們的手指再做出判斷。

✧讓效果更顯著的重點✧

與異性談話之時，男人不要過於執著於理由，女人則需明確給出理由，彼此相互包容。

對自身外表沒自信的人也能散發耀眼魅力的方法

⚥ 如俊男美女一般的優異「外貌」，真的佔優勢嗎？

對於自身外貌沒有自信的人，往往很容易就會打退堂鼓。
這是因為，人們常常會因為對自身外貌沒有自信，進而也連帶喪失其他自信心。

不過，這裡面存在著相當大的誤解。
關於這部分其實於前面已經有介紹過了，俊男與美女會特別受到歡迎的時間點，充其量也只不過是在初次相遇的瞬間。優異的外貌僅在第一次碰面時的「最剛開始」容易受到關注，令他們顯得出眾，但是也有不少的例子顯示，在經過談話交流，當他們的內涵也逐漸顯現在眾人眼前之後，反而容易因為令人覺得「好像也沒有想像中的那麼好」而被扣分。
這種僅僅只是憑著「優異外貌」這一項外在因素，就令包含其內在的各方面看起來都很優越的「月暈效應」，隨著時間的流逝，其光環也會隨之漸漸褪去。
一開始所懷抱的期待值越高，之後便越會感受到其落差之大。

深入交談之後，發現對方是個相當缺乏知性，性格也不算是很爽朗，而且學歷也是不值一提，從事的職業看起來收入也很少的人——這樣的狀況往往也很常發生。

由於外貌所帶來的「月暈效應」建立在視覺上，雖然在一剛開始會釋放強而有力的力量，但若就「一個人的內涵是否能跟上外貌所予人的印象」來說，外貌在一開始帶來的衝擊越大，其內涵反而就會更加不容易跟上。

能在日後一點一點地突顯自己的與眾不同的，反而是個性與知性的「內在條件」，或地位、頭銜、信用、知名度、經濟能力等「社會條件」的「月暈效應」。

對於形成一個人的條件來說，反倒是這些地方遠遠要來得更有價值！

容貌這些外在條件，會隨著年齡的增長而劣化，但「內在條件」和「社會條件」卻是一輩子的東西。換言之，我們可以說——外表是一種可藉形象改變的無關緊要的東西。

⚤ 對於外表的印象，隨時可隨技巧的進步而改變！

這是一個只要在網路上搜尋「整容級化妝」，就可以看到各類型的女人變身成為美女的時代。我們可以從中窺探到，女人藉由化妝或髮型，配戴隱形眼鏡或是戴上眼鏡，就能夠隨心所欲地改變外表。對於這麼了不起的熱忱與熱情，還有努力，只能給予十足的敬佩。對自己的外貌沒有自信的人，請不妨將其作為參考，找回自己的自信心吧。

讓髮量稀疏、身高矮小、體型過胖的男人，也可以變得受歡迎的小物品！

話說回來，在這部分的時尚方面，男人意外地比女人更直率。到健身房鍛鍊出一身精實肌肉，或是使用掩蓋早期落髮的美髮用品、穿上讓身形看起來更顯修長的內增高靴——雖然這類男人所在多有，但真要說起來，不會過分講究自身外表的人其實也不在少數。不過，這部分仍相當留有待研究的空間。

順帶一提，根據女人取向的各項意見調查，多數女人不會特別憧憬健美體型的男人，也並不會那樣討厭髮量稀疏、身高矮小、體型過胖的人。

歸納女人對男人最為重視的首要條件，向來都是「乾淨俐落」這一項。

因此，不論是髮量稀疏、身高矮小或體型過胖的人，只要外表看起來不夠乾淨整潔的話，就算是NG。即便是頂上無毛的人，也可以將看起來很帥氣的頭巾綁在頭上、留起鬍子。身高矮小的人，可以藉由穿上技師靴（Engineer Boots）拉長身形、避免穿著短褲來營造出雅致之感。

體型過胖的人在穿著短袖短褲的夏天，特別容易因為滿頭大汗、汗流浹背的樣子而予人一種不甚潔淨的感覺，所以最好可以使用止汗產品並改穿長袖襯衫，並且時常謹記穿著深黑色系的服裝的話，就能讓體型看起來比實際上還瘦，若是再戴上黑框眼鏡，看起來就更像是個知識分子。

女人吸引男人的究極竅門是「性感形象」的展現！

說到女人可以事先記住，簡單地就吸引到男人的重點訣竅，不管怎麼想，最直截了當的方法就是營造出的性感形象。因為男人不同於女人，他們是講求視覺且受慾望所驅使的動物。

也就是說可以在喜歡的男人面前，露出部分的肌膚。可以是肩膀、上臂，也可以穿著膝上裙、稍微露胸的服飾，冬天穿著微透膚的黑色絲襪露出隱約可見的肌膚或許也是不錯的方法。

若是能讓自己，若有似無地散發沐浴乳系列或花香系列的香水味，就更能誘惑男人。

此外，還有色彩心理學的研究指出，不論是男人或女人，只要服裝或手持物品裡帶有部分紅色，就能使其外表看來顯得性感。這一點也不妨謹記於心。

✧讓效果更顯著的重點✧

不需為了外表而心生退縮。只要稍微下點功夫，就能讓外表更為加分！

成為對異性而言充滿魅力的類型的方法

⚥男人容易陷入的「自我感覺良好」困境是指？

關於男人與女人在思考上面不同之事，我們已經在「男人大腦」與「女人大腦」的地方做過解說。如果男女的思考有別，那麼對異性追求的類型，和一方獨自思考的理想類型當然會不一樣。然而，男人有較強烈的傾向會認為，在女人面前展現出「健壯」、「豪邁」、「孔武有力」的一面是一種男子氣概的象徵。這也是男人與女人之間較明顯的「性別差異」之處。

只不過，最為重要的女人的反應，往往跟男人所想的是相反的結果。

舉例來說，根據一項訪問酒店女公關所做的意見調查，令人吃驚的是其結果顯示有多達二到三成的男顧客提及年輕的時候「曾經混過」或是「很會打架」。

我們可以從中看出，男人很容易誤以為對女人說出「以前曾經很叛逆」，就可以讓人覺得自己「很健壯」。

實際上，女人並不會覺得這樣的男人「很健壯」。

相反地，女人反倒是有著，覺得這種老是提及往事的男人很幼稚的傾向。

這種類型的男人屬於單細胞，有可能淪為會粗暴對待女性的「強勢型」男人，因而被女人分類為危險的類型。意即會讓女人抱有警戒心。

女人對男人的期許，第一是「清潔感」，第二是「紳士風範」。

男人總會覺得就算不自豪過往的叛逆，也應該向女人炫耀自己的「強壯」和「可信賴度」，似乎總是愛自誇。先前酒店女公關的意見調查也顯示，當聽到男顧客提及「自己是同時期進公司的人裡面，最早當上小組長的」、「這個手錶花了200萬日圓買的」，只能以「好厲害喔！」來予以回應，內心似乎卻是甚覺倒胃口。

⚥ 女人容易陷入的「自我感覺良好」！

另一方面，女人對於男人也是有著不少的誤解。

比方說，女人在職場上，升職成為要管理男下屬或後生晚輩的情況之時。

因為心想自己的職位比較高，故而有人在面對下屬或後輩時，說話措辭會仿效男人，但往往卻是會帶來反效果。不能被這些男人看不起——基於這種心態而開始以命令的語氣下達指令的例子亦不在少數。

這樣的女人，理所當然地會引起男下屬或後輩的反感，反而受到不必要的輕視。

而男人內心不容被踐踏的肚量之小，會促使男人開始陽奉陰違。

為此，女人務必在內心謹記——接觸男人的時候，自身所展現出的優雅是令男人服從的要點所在。

換句話說，讓人看起來覺得自己將男人視為是比女人更高一點的存在，且凡事皆禮讓三分，有事相囑的時候不用命令形式，而是以疑問句的方式，「可以幫忙處理一下嗎？」、「能不能拜託你一下？」像是在委託一樣地給出指示就行了。

僅僅只是這樣做，就能令男人為之振奮地想要「好好地表現一番！」。

⚤ 男人嚮往的理想女人類型是？

男人在潛意識裡便對女人的「母性」形象抱持著自古以來的嚮往。

女人就像是充滿了慈愛，溫柔的聖母瑪麗亞一般神聖的存在。

但是另一方面，他們對於總是笑容以對，並且會向「家中小狗」一樣對自己搖尾乞憐的溫順女人也是心生渴望的。特別是前面提到過的強勢型男人，更是有著這樣的傾向。

而不論是在任何情況下，理想女人多少都是有著「高雅」和「優雅」的存在。

⚤ 男人最受不了女人的「有失格調」！

女人的「有失格調」最令男人受不了。

明明是女人，卻像男人一樣說出粗鄙詞語的女人，更是惹人生厭。這是因為男人向來便希望女人能夠有禮貌地使用高雅的遣詞用字。當女人將腳踏車說成「鐵馬」等俗稱時，就會讓人覺得她是一位粗魯的女人而心生抵抗。如若女人想讓男人對自己心生嫌棄而斬斷這段緣分時，請不妨謹記可以藉由表現出粗俗的一面來令其心生反感。這樣一來不僅可以防止對方成為跟蹤狂，分手的時候也可以分得一乾二淨。

女人只要在心儀的男人面前表現出「高雅」、「優雅」的樣子就行了。然後，再加上運用之前已經介紹過的「笑容」與「肢體接觸」攻勢，反覆進行「單純曝光」，就能輕鬆地將男人握於手心。

✧讓效果更顯著的重點✧

攻掠男人的重點在於女人的「高雅程度」。再加上更加分的「笑容」與「肢體接觸」。

靈活運用令男人與女人都開心的言語

⚥ 令男人開心的「來自女人的讚美話語」指的是？

如同前述所說，男人容易對「受女人歡迎的理由」一事產生誤解。那便是一種原因，亦是孕育出對女人相對強勢的這類男人的背景。女人必須要能夠將這種引起男人誤解的「男性心理」瞭若指掌才行。要能靈活運用令男人開心的言語，才能將男人迷得團團轉。

男人往往想向女人展現自己的「健壯」、「豪邁」、「孔武有力」。因此，可以照字面上地接受，試著去滿足這樣的男性心理。

也就是說，和心儀的男人對話時，要頻繁地用言語去撫觸男人的自尊心。單單只是這麼做，就能滿足男人希望獲得認可的欲望，記住眼前的女人所給予自己的「快慰之感」。

平常便時常使用諸如以下這樣的台詞，進行用話語取悅男人的練習吧！

「你真的很可靠欸」、「你好厲害！」、「肌肉好硬喔」、「真有力氣呢」、「好會開車噢」、「很有天分欸」、「你的工作真不簡單」、「你知道好多事喔」、「你人真好」、「真的很懂

女人的心」、「覺得好放心喔」、「不曉得能不能倚賴你」、「我還是頭一次來到這麼棒的店」、「這我還是第一次聽到欸」、「好開心喔」、「您真的充滿自信呢」、「真是位值得託付的人」、「好有毅力喔」、「真的很有熱情呢」……。

簡單來說，就是隨興地去讚美對方的「健壯」、「豪邁」、「孔武有力」。

男人便是這種，僅僅只是如此就能輕易地被點燃意欲的生物。

而男人尤其拘泥於事情的結果。如果遇到了什麼有關「成果」、「責任」、「實績」、「錦上添花」的事情，可以隨之附和，連連說出稱讚的台詞就好。

此外，當男人配戴高級手錶或是手拿高級提包的情況下，多半都是買來犒賞自己在某件事情上的成功。亦即，這些東西便是一種戰利品的象徵。這種狀況下，那些持有物便也就連結到了他們本身，只要對這些持有物稍加讚譽，想必就能令他們欣喜若狂吧！不可思議的是，男人具有一被女人稱讚，便不會認為那是一種恭維，反而會坦率地接受的一抹傻勁。所以女人所給予的讚許才會如此地有效果。

⚤ 令女人開心的「來自男人的讚美話語」！

前面提到了男人會拘泥於「結果」，而女人則是有偏重於「過程」的傾向。相對於男性的「邏輯思考」，女性的思考則是「同感思考」。

在遠古的原始時代裡，確保最後是否可以成功捕獲獵物是男人的重要使命，相對於此，女性則是必須和周圍的同性夥伴協調地一起進行平日的採集活動——而我們至今也仍然保有這些生存特性。因而對女性來說，針對事情的過程給予評價是件令她們開心的事。

「真多虧了有妳才能這麼順利！」
「在妳的建議下，大家團結一致了」

女人只要被人這樣稱許她在過程中所做出的貢獻，就會感到內心一陣雀躍感動。而這些對女人的存在本身給予正面肯定的話語，正是一種對事物過程的評價。

但是話說回來，男人原本就對稱讚別人這件事並不拿手。

即便是面對男性友人，他們也不習慣給出稱讚。這是因為男人之間向來都是要運用邏輯思考，唯有成功捕獲獵物的一方才能勝出。

所以，男人之間經常存在一種劍拔弩張的競爭關係，也就會下意識地認為讚許對方是一種低頭的表現。男人不喜歡自己的自尊受到傷害，所以也就不願開口稱讚其他男人。

為此，男人在女人的面前，往往只能給出相當蹩腳的稱讚。

「好漂亮啊」、「真可愛」、「很棒的時尚感呢」……諸如此類。

對於那些對自身外表有自信的女人來說，雖然被稱讚不至於會令人不高興，卻可能讓她們聽到之後心想「又來了」、「真老套」，這些稱讚便淪為一種加深她們對自身優越外表的自覺，讚美之語所能夠帶來的效果也很有限。

男人在稱讚女人的時候，只要牢記著要從女人的內在開始稱讚，就都能順利地進行下去。這是因為內在與外表截然不同，一個人的內在可以不受侷限地有很多未來的可能性與自我充實。

「真有品味」、「充滿了知性美」、「真是太有涵養了」、「這個想法真是傑出」……諸如此類。

身為男人的你，平日裡就請先多加練習，讓自己能夠自然的口吻去稱讚女人吧！

✧讓效果更顯著的重點✧

不論是男人還是女人，給予對方正中紅心的「稱讚」是最為重要的一點。

看透對方的心情與心儀類型的方法

⚥ 單憑笑容也難以分辨對方心情好或不好！

不論是男是女，擁有會去分辨眼前異性的心情如何的習慣，是很重要的一件事。就算露出笑容，也不完全代表對方正處於好心情的狀態之下。

比方說，真的開心到笑出來時，不只嘴巴周圍的肌肉會牽動，眼角周圍的肌肉也會隨之上揚，讓眼睛看起來變得細長。眼周也容易跑出細小的皺紋。

假笑的時候，嘴角會隨之歪曲，或是聲音顯得有點低沉，但如果成為待客的專家，笑容就會相當自然而且難以區分。

⚥ 對事情感興趣、關心的程度會表露在腳上！

即便能和對方談笑自若，也未必能夠知曉對方真正的心聲。

不過這裡倒是有個方法，能讓人在與對方站著聊天、坐在對面聊天時，揣測對方的心思。

在這些狀況下，足部最容易透露一個人的心聲，所以偷偷不時瞥向對方的腳尖就能有所判斷。一個人的足部之所以容易洩漏他的心聲，正是因為腳是容易與本能（大腦舊皮質＝動物腦）連動的身體部位。這樣一來在遭遇危險的時候，腳便能反射性地有所行動。

站著說話時，當對方顯得對與你之間的談話感興趣或抱持關注時，其腳尖會稍微地朝向你打開，安定地站立著。當多人一起談話時，其腳尖同樣會朝向最感興趣或最關心的對象打開。此外，身體的重心落在單腳上面，另一隻腳自在地活動則是一種放鬆的表現。另一方面，就算將正面朝著你，足部卻扭轉向別的方向之時，這便代表著對方對你不感興趣或漠不關心，希望早點結束話題走人。

換句話說，根據足部的方向，就能大致推測出對方對你感興趣、關心的程度。

足部的這種外在表現，即便是坐著也是同樣適用。只要觀察腳的方向，就能知道對方對自己的關心程度。若是直截了當地正對著自己，代表著對方對自己感興趣，若是擺向了其他的方向，便代表著漠不關心。相反地，若是雙腳交叉，懸空不著地晃動時，即代表對方相當地放鬆，正處於心情愉快的狀態之下。

這意味著，我們可以透過瞥看足部的狀態，推測對方內心的想法來挑選話題。

男人不可漏看女人的心聲！

你應該曾經注意到，當女人與男人面對面時，容易將雙手交疊於胸前、用兩手的手指圈住大腿，或是一隻手去抓住另一隻手的手腕、將化妝包放到膝蓋上面吧。

像這樣，藉由用雙手做出將自己圍起來的形式，或是將化妝包放於膝上做出彼此之間的阻隔，都是一種無意識的防禦姿態。

這表示她仍處於對你抱有戒心，並且試著保護自己的狀態之下。擺在桌上的咖啡杯等物品，不放於桌旁而是置於她前方的正中央，也是一種作為與你之間的緩衝阻隔。

一旦警覺心或是緊張感能夠得以消除，手自然而然的就會鬆開不再交疊，將化妝包放在膝上或是將咖啡杯放於手邊正前方的行為也會隨之消除。

此外，當女人將手擺在桌上時，要去特別注意的是——她的手指是握拳還是放鬆舒展的這一點。如果處於緊張狀態，手就會忍不住握拳，若為放鬆狀態，手指就會放鬆舒展開來。

而女人用手去撫摸她自己的頭髮、碰觸自己身體的某個部位，則是一種**「自我親密行為」**。內心惶惶不安、覺得煩悶抑鬱或是懷抱不滿的時候，就會出現這樣的小動作。現在覺得很無聊，或是希望能夠更將焦點擺在自己身上——理應對這些動作做出這樣的解讀。

女人不可漏看男人的心聲！

有些男人會雙手環胸令自己看起來很了不起。乍看之下似乎很強勢，但其實這也是一種「自我親密行為」，用以遮掩自己的不安，屬於一種慰藉自己的行為。這行為同時也是一種當無法順利想到解決方法、處於困擾之時所會做出的防禦反應。透過心理學的實驗已經可以知曉，雙手環抱於胸不僅會令人在他人眼中看來自以為了不起，雙手環胸這姿勢同時也有著會阻絕接收外在資訊的缺點存在。也就是說，出現這樣的姿態，便等同是一種拒絕與他人協調的狀態。

此外，也有一些男人，在女人面前會故作姿態地滔滔不絕。看似是滿懷自信地高談闊論，但這樣的人往往容易有很強的自我陶醉傾向，過於以自我為中心的案例也不少，故而或許是值得特別留心一點的類型也說不定。絕大多數故作姿態的人，容易演變成作風強勢類型的人已是為人所知的事。這意味著他們不太會去聽取別人的意見。

✧讓效果更顯著的重點✧

一旦看穿對方的心情或心儀類型，就能抓到篩選話題等等的各種時機。

運用豐富色彩來提升自我印象的方法

⚥ 善用色彩心理學來大幅扭轉形象！

不論是男人還是女人，事先知道自己的服裝或是身邊物品的「色彩」和「配色」能夠在心理上對異性產生影響力是件很重要的事。

要想讓自己的形象，按照自己所想的方向走之時，對「色彩」和「配色」相關的色彩心理學略知一二，就會是件非常有用的事。

一般而言，色彩所具有的影響力之中，較廣為人知的印象效果則如下所示。

紅……亢奮・熱情・憤怒・開心・炎熱・太陽・積極性・躍動性
藍……鎮靜・清潔・冷靜・清爽感・寬闊感・大海・天空
黃……留心・明朗・闊達・愉快・天真無邪・幼齡性
綠……森林・大自然・安心・休息・喘口氣・萌芽

黑……穩重・剛毅・不屈服・嚴格・有格調・有風格・威嚴
白……清潔・純潔・寬闊感・純真・雲・雪

一般來說，男人多半喜歡黑白單調色系或藍色之類的冷色系，女人則多半喜歡粉紅、橘色或紅色等色彩豐富的暖色系。

環境給人的印象也是根據配色而定！

色彩所帶給人的印象十分強而有力。

舉例來說，醫院的牆壁或天花板大多會漆上藍色或白色這種冷色系或黑白色階的顏色，可藉此來保有冷靜而靜謐、乾淨整潔之感。其中所蘊含的抑制亢奮的鎮定作用更是備受期待。

而在速食餐飲店裡，因為顧客的翻桌率是賺錢的主因，多半會選用能夠令顧客即便只停留短暫的時間，也會誤以為已經待了很久的紅色或咖啡色、奶油色這類效果很好的暖色系顏色。

此外，顏色也具有令事物看起來有輕重之分的效果。在一個讓實驗者搬運三個分別塗上白色、淡綠色、黑色，重量與大小都相同的紙箱實驗中，黑色紙箱竟讓人覺得比白色紙箱還要重上兩倍。淡綠色紙箱給人的重量感則是落在兩者之間，而且更接近白色紙箱。

⚥ 白色與黑色單調的印象效果！

白色是所有顏色之中，最能夠給人帶來輕盈感的顏色，所以運動競技用的運動鞋很多都是白色，藉以營造出輕快的感覺。

將此運用到被稱為「制服」的服裝配色上面，效果就更加地顯著了。

比方說，運動競技用的隊服，一旦黑色的部分用得比較多，就會增加穩重之感。進而可以營造出看起來比真正的實力還要強上許多的印象，因而有可能給予敵對選手壓迫感。

在我們的日常生活之中，也時常可以實際感受到顏色帶來的效果。

當某家企業發生負面事件，公司職員滿懷歉意地在記者媒體群之前，一齊低頭負荊請罪的這種場面下，所有出來道歉的職員清一色都會身穿黑色西裝。這便是因為要是穿上白色或暖色系西裝，就會顯得較沒有說服力。

警察、警衛人員、高級飯店的櫃台人員、葬儀社的職員等，這些必須要給人嚴肅和嚴謹印象的工作場合中，黑色都是基本色調。

身為男人的你，若想強調自己的「強壯」與「權威」，黑色系的西裝想必是很有效果的吧！常被周遭的人認為輕浮的男人，比起白色，更適合改穿黑色系的服裝配色，藉此就能簡單地改變形象。

順帶一提，雖然之前已經介紹過，不論是男人還是女人，只要服裝或手持物品的某處帶有紅色，就能更加突顯個人魅力。這一點在色彩心理學裡面也是一個相當有名的說法。

藉豐富色彩進行的「形象操作」！

在塑造自身形象上面，這樣的「色彩」與「配色」選用相當地重要。

希望表現出自己的活潑、好動、散發魅力時，可以選用紅色；希望塑造出自己看來沉著冷靜而爽朗的形象時，可以選擇藍色；想要讓自己在他人眼中看來乾淨整潔的話，可以使用白色；想要突顯自己，在他人眼中像是一位嚴謹的有為人士時，可以善用黑色；想強調可愛感覺時就運用粉紅色；希望表現出年輕和天真無邪感的時候就選用黃色。像這樣在服飾搭配上面巧妙運用顏色組合，就能饒富趣味地提升正面形象或改變形象。

✧讓效果更顯著的重點✧

只要最大限度地活用色彩本身給人的印象，連心儀對象的心也能擄獲。

順利接近俊男或美女的方法

「不想被討厭」的想法會令人極度緊張！

應該有不少人覺得，去進攻俊男與美女是件從一開始就難度很高的事情吧！他們多半都是看著映照在鏡子裡的自己，得出「像自己這樣的醜男人是做不到的……」等感想，便夾著尾巴落荒而逃的人。正因為有很多人都會這樣想，意料之外地，進攻俊男與美女所面對的競爭率本身其實相對地低——在現實中這樣去做思考也許會更好。

這個社會上，時常看到和俊男成為伴侶的醜女或者和美女交往的醜男。反而是俊男美女的組合較為罕見。由此可見並沒有不去接近俊男與美女的理由。

身為一個異性，站在俊男或美女面前，絕大多數人都會感到緊張。這是由於「月暈效應」所造成的「優秀個體」錯覺，它會令人們在那一瞬間想著「不想被這麼棒的人討厭」而緊張不已。

然而，這些俊男與美女大多從小就被大家捧在手心上，所以個性應該也不會太差才對。相較於其貌不揚的人可能有較高的機率容易個性扭曲，反倒是追求俊男與美女，縱然如一開始所預想的失敗了，在精神層面上也比較不會受到太多傷害。

⚤「俊男」或「美女」的端正相貌，呈現人類的平均值！

根據近年來的觀察研究已可以得知，俊男美女端正的容貌，其實相當接近利用電腦將萬人的長相平均出來的「平均值」。

這也就是說，只要將人類的長相平均起來，就能得出俊男或美女的相貌。

人腦在短暫的時間內對其做出判別，將其視為「優秀的個體」而受其魅力所吸引。

因此，不論世界上哪個國家的人們眼中，俊男與美女的容貌水準大多都是具有共通點的。

換句話來說，這樣的平均長相不會帶給他人「威脅」的感受，並且能帶來「安心」感。

這樣的人在同性之間，可以給予對方信賴感，在異性之間則是會被對方判斷為具有優秀遺傳因子的個體，無意識地激起想要發生性關係的願望，故而令對方感到心動不已。

一旦人們收到發生性關係的願望刺激，就會令人產生「不想被討厭」的想法，遂而感到緊張。

⚤理解並習慣俊男與美女也不過只是「普通人」的事實！

在身為異性的俊男或美女面前，凡事唯唯諾諾地不敢說不、一副慌張失措的態度，總是不由自主地上演「怪人」一角的人，首先最需要做的一件事情就是去習慣面對俊男或美女。

心理學上面稱此為「習慣化（Habituation）」，只要習慣某些事物所帶來的刺激，漸漸地就能以平常心看待。

每天可以在公司接觸到眾多俊男美女的模特兒俱樂部或經紀公司裡的工作人員，早就看慣了這些相貌出眾的人。

由於他們也看到了這些俊男美女實際上的生活樣貌以及未加掩飾的人性的一面，所以這些俊男美女在他們眼中便與常人無異。

為了要將讓自己也能投身於這樣的狀態裡，最好謹記於日常生活中積極地以極其自然的方式接觸俊男美女。這樣一來就能讓自己對這些相貌出眾的人產生免疫。

俊男美女也不過是一般人而已。

要是特別對這些相貌出眾的人另眼相待，才會顯得太過於奇怪。

他們不過同樣都是會放屁、也會上廁所的普通人罷了。

想在俊男美女面前「表現出自己最酷的一面」、「呈現出自己最棒的樣子」，往往正是令自己失去平常心的原因。

抱持著「世界上的每個人都一樣」的這種想法，正是展現出最真實的自己的不二法門。

⚤ 理解俊男與美女只是「短期現象」！

我們身處在一個可藉由網際網路，簡單地對照明星或藝人容貌變化的時代裡。

網路上會將這些美麗女藝人隨著歲月流逝的長相變化稱之為「劣化」。

僅僅過了幾年，人們的容貌便出現改變。

如果能洞悉這一點，當面對著俊男或美女之時，就更能夠對於他們「僅止於當下」的容貌有更深的體悟。因為人的外貌會隨光陰不斷地改變。

要是被外貌蒙蔽了雙眼，就會變得看不到一個人的內涵。

應該要訓練自己不要被外表的「月暈效應」所迷惑，培養一雙能夠看透一個人的內涵的雙眼。也不要忘了一個人最重要的價值在於其內在涵養。這樣一來，不論是面對俊男或美女，理應都能順利地進行正面接觸。

✧讓效果更顯著的重點✧

不要被俊男與美女的「月暈效應」所迷惑，輕鬆自在地接近對方吧！

不說出喜歡也能將好感傳達給對方的方法

重點在於選定複數異性！

一看到意中人現身，總是會覺得心裡頭小鹿亂撞。這種單相思的狀況，常常成為我們青春時期最美好的回憶。所以，橫豎都是要單相思，與其「單戀一枝花」，建議不如對複數異性懷抱這樣的情愫。

「戀愛專家」常常會令自己處於受數位異性歡迎的狀態之下，即便這個目標失敗了，也馬上有備胎可以遞補，令自己在精神層面或行動上都相當「游刃有餘」。

緊咬著一位異性不放，老是不顧一切地向前衝，往往都會落得不順利的下場。其不順利的原因意外地就出在這裡。

想變得受歡迎——打心底這樣希望的人，只能及早向「專情不二心」說再見。

這是因為這種「會將所有心思都放在對方身上」的異性，往往都會令人感到沉重、厭煩。

這也就意味著——切記不能將自己的情感過分美化，也不能自我陶醉。

突如其來地告知「喜歡」就會迎來失敗！

談戀愛這件事，雖然是男女雙方互相對彼此抱有「好感」才成立的，但不得不特別注意的一件事就是——若是在對方對自己的「好感」還未萌芽之際，就單方面地向對方表達出「好感」，便形同是束縛住了對方的自由。

應該要將這個狀況理解成——當事情演變成「要交往嗎？還是不要交往？」這樣二選一的情況時，即便原本可能會成為情侶的機率為１００％，也反而因此降到50％以下。

在此可以將人際關係的親密度，劃分成以下四大範疇。

「公眾範疇」……不認識的陌生人
「社會範疇」……職場裡的上司或同事、學校裡的老師或同學
「朋友範疇」……朋友關係
「親密範疇」……家人、戀人或莫逆之交

英國心理學家麥可・阿蓋爾（Michael Argyle）指出，當一個人試著想要從對方的「社會範疇」或「朋友範疇」突然進階到「親密範疇」，往往容易不小心觸動對方的敏感神經，於是絕大多數人會在面臨「接受」或「拒絕」之間，選擇將人「拒之於門外」。

⚤慢慢令對方降低「親密範疇」的門檻，進而來去自如！

那麼，如果想在向心儀對象表達完「喜歡」之後不被對方「拒絕」，應該要怎麼做才好呢？

關於這件事，最好的辦法就是不要開門見山地直接向對方說出「喜歡」，而是用委婉的講法循序漸進地傳達給對方。

這麼做的話，就不會令對方覺得自己想要從「社會範疇」或「朋友範疇」突然闖進「親密範疇」。純粹就只是令他心中的高牆漸漸地變矮，讓彼此成為一種可以窺視或瀏覽「親密範疇」的關係。

而關於可以用來向異性表達好感並取代「喜歡」這個詞彙的話語，則可以如下所示。不直指對方的存在有多重要，而是只將間接的部分傳達給對方。

「○○的這種作法，我也很欣賞！」

「○○，那東西很不錯呢！我也超喜歡那類東西。」

僅僅只是這樣就好。

而諸如此類的談話機會，就靠單純曝光效應來多多益善吧。

⚤「睡眠者效應」※差不多開始發揮作用！

伴隨著時間的經過，「睡眠者效應（Sleeper Effect）」便會漸漸開始發揮作用。

明明將你視為陌生人而沒有抱持任何想法，不知為何你所說出的話卻是特別地感到印象深刻。

「你的○○真不錯！」、「你這一點特別了不起！」……一開始只會覺得單純是社交辭令的這些話語，聽在耳裡卻漸漸產生愉悅之感並不斷累積，而帶來這些愉悅感覺的，正是來自「你」的這個存在。

其原理便是在於，原本被歸類為陌生人的「你」的存在被塵封，但你說過的話卻獨獨被對方記了下來，其結果便是會令對方注意到這個令他留下良好印象的「你」的存在。

※睡眠者效應：當人們接收到某些理念或想法，經過一段時間之後或許會忘記其來源，但對該理念或想法所留下的印象卻反而隨時光流逝而增加。

✧讓效果更顯著的重點✧

與其突如其來地將「好感」告訴對方，不如花時間實踐「睡眠者效應」！

讓心儀的對象強烈地意識到自己的方法

「間接恭維」的心理技巧相當有用！

當某個人和你一打照面就開口稱讚道：「你腦筋真好！」時，總會覺得那聽上去是一種社交辭令。但是，一旦這件事是通過某個第三者轉述：「○○說你的頭腦很好，我深表贊同呢！」想必便會令人感到相當欣喜。直接從眼前人的口中聽到稱讚的話，我們可能會懷疑他或許別有居心，但是當我們自不相關的第三人口中聽到「有關自己的正面評價」，就會令人覺得是真的。這便是「溫莎效應（Windsor Effect）」所謂的從傳聞中聽到的「稱讚」效果。

另一個很類似的心理學手法，便是「間接恭維（"My Friend John" Technique）」技巧。「我的朋友約翰說……」像這樣藉由轉述他人說過的話，來傳遞自己想說的事，就能令說出來的內容更可靠也更具說服力。

即便沒有人說過那樣的話，也可以僅憑著說出「○○好像喜歡你耶！」來令對方對於那位疑似喜歡自己的人，以及轉達這樣一個消息的人都抱有良好印象。

在不得不直接訓斥下屬的時候，同樣也可以藉由偉人的名言來做出告誡，例如要勸誡部下收起傲慢之心時，「明治時期的大事業家澀澤榮一先生也說過『當你無法再滿足於現況，就代表你開始退步』這樣的話吧！希望你也能將這句話記在心上啊。」只要可以說出這樣的話，就不會讓下屬覺得自己是囉嗦的上司，也不會引起部下的反彈。

這是因為藉著轉述他人的話，甚至還能裝出一副與自己毫無關聯的樣子。

評論也是因為相同的原理而增加「可靠性」與「說服力」！

這個社會上的評論留言也是有著相同的作用。

「大家都說我們家的拉麵特別好吃！」就算當事人自己這樣介紹，也只會令人覺得那是一種自負的話，但要是聽到某個人給予「〇〇店的拉麵超好吃的！」的評價，便會覺得出自第三者的評價很有說服力。

在網路上自編自導的業配（Stealth Marketing＝偽裝成消費者的宣傳廣告）正是以此效果為目標。

得到摯友的協助，拉近自己和異性之間的「距離」！

藉由第三者轉述話語的「間接恭維」在談戀愛拉近距離上面，也能發揮各種威力。讓我們按照順序地來看看這些「運用方法」吧！

幫忙了解傾慕的異性「對自己的關心程度」

委託親近的朋友在你傾慕的異性面前，說些有關自己的傳聞，並請朋友觀察該位異性的反應。

舉例來說，對於你傾慕的異性，丟出「我覺得山田好像對妳有意思，妳覺得他那種類型的人怎麼樣？」之類的風向球。重點在於自始至終所提出的問題都必須是「好像對妳有意思」這種基於個人推測所提出的假設性提問

如此一來，即便從對方口中說出：「騙人！我不喜歡那個類型的人！」，彼此之間也不會出現什麼麻煩事。畢竟這充其量也只不過是朋友擅自推測出來的發言。要是看出之後沒戲唱，那麼就可以乾脆地死了這條心。但如果對方聽完以後笑容滿面地驚呼：「欸？是喔！？」就代表著還有戲唱。

就這樣，或許對方也會開始意識到你，所以你大可藉由實踐「單純曝光效應」來尋求不斷接近對方。

幫忙在傾慕的異性面前散布「對自己有利的消息」

也可以委託親近的朋友，在你傾慕的異性面前散布「你的正面傳聞」，藉這個方法操控對方對你的觀感。

舉例來說，可以請朋友說些像是「山田他各種運動都很在行喔！妳好像也對網球有興趣，下次不如請山田先生教妳吧。他很會教人，很快就會變強。我也是請他教我，才剛入門就進步了不

少。」之類跟興趣有關的話題。

僅僅只是如此，你所傾慕的異性，想必就會在練習網球的時候，想起你很會打網球這件事。之後你也就能夠藉著網球的話題來拉近彼此之間的距離了吧！「間接恭維」的心理技巧在各方面都能派上用場。

✧讓效果更顯著的重點✧

這裡需要的是「摯友」。請摯友幫個忙，讓心儀的異性望向自己吧！

讓搭訕的成功率大幅提升到令人吃驚程度的方法

⚥ 搭訕的成功率極低才是活生生的現實世界！

所謂的搭訕，便是指男人走在街上，突然對路過且心儀的女人開口攀談，謀求交往契機的行為。只不過，即便在年輕男性群體中，曾經有過街頭搭訕經驗的人也算是極為少數派吧！

首要原因便是在於，搭訕這個行為，如果不是本身擁有很堅韌的精神力，根本就無法輕易地做出嘗試。

出聲向素昧平生的女人開口攀談，攔住她的去路，說出諸如「哈囉！要不要一起喝杯咖啡？還是去唱卡拉ＯＫ？」的話之後，結果卻被女方用「不用了」、「我還有急事」等話語回絕。這樣的場景，應該很容易就能浮上心頭吧？

一個見都沒見過的男人對自己做出這樣輕浮的行為，理所當然會覺得可疑。

而搭訕這件事對男人來說，在受到拒絕的時候，也會產生一種自身人格受到輕視的感覺。

所以說，有很多男人就連要去挑戰都心生抗拒。

而且搭訕所需要的閒暇時間和體力配合也是因素之一。

話雖如此，近年來也是有些人看見搭訕這件事本身的存在價值，將其放在「男人修練」或「修行」的位置，不斷地去探究「搭訕之道」。

在網路上面，關於搭訕這件事有各式各樣的教戰守則。

因為街頭搭訕這件事情的難度太高，所以就有一些推薦「俱樂部搭訕」、「居酒屋搭訕」的各式網站，族繁不及備載。

話說回來，出聲搭訕的男人每個人大多都會先感到羞恥，可是那些被人出聲搭訕的女人又會是怎麼想的呢？

只要前來搭訕的男人看起來不是太古怪，被男性示好的女人似乎並不會感到不開心。

「一定是對方感受到自己的魅力了吧？」因為她們會有這樣的女性心理，所以只要稍微偏離正規的搭訕模式，再運用搭訕基礎來進攻這個女性心理，也不失為一種方法。

⚥ 只要不是正面迎擊，成功率就會上升！

搭訕的成功率之所以這麼低，是因為主動開口攀談的男人來歷不明，故而令人心生疑竇。

而這一點往往會令女人覺得惶然不安，所以也很難答應搭訕一方提出的邀約。

這麼說的話，只要在接近女人之前，先將這個會令她們不安的因素消除掉就可以了。

舉例來說，不妨可以試著改用成功率遙遙領先的「街頭星探作戰」或「協助意見調查」等，目的明確的接近方法來取代沒來由的街頭搭訕。

這或許已經談不上是正規的「搭訕之道」，但如果我們回頭想想搭訕的主要目的在於「和心儀的女性變得要好」，那麼也就不需要去拘泥搭訕的手法。

⚥ 創造出「合乎目的」的故事很重要！

在東京原宿一帶，一天到晚都在默默進行模特兒或藝人的發掘活動。

「請原諒我的冒昧，請問妳已經有經紀公司了嗎？」如果聽到有人這樣向自己發問，被問到的女性心情都會好上很多吧！

搭訕時自稱藝人經紀公司的星探，再事先做好假名片，就更是準備周全。

總之先實際去接近女性看看，關於那之後轉移陣地到咖啡廳要聊的話題，只要實地進行多次演練就能有所掌握了。

如果搭訕到的是女大學生，碰巧自己也是大學生的話，告知對方「其實星探是我的打工。」也是不錯的說法。

倘若搭訕到的女人是位ＯＬ，而自己也是位公司職員的話，也可以向對方說「我雖然也是上班族，但是周末會來兼職做星探。」

只要事先做好開口攀談的正當理由，在街頭向女性搭話的輕率行為也會變得比較不那麼令人覺得羞恥。

如果要用類似心理學的話語來給個稱呼，大概就是**「理由的正當性效應」**吧。

因為是工作才來攀談、因為是工作才會被搭話——由於是基於這樣一個正當性理由才產生的接觸，只要談話的內容有按照該主題發展，也就能消除對異性產生的緊張感。

和女人之間的聊天功力也能精益求精！

搭訕的目的在於，成功追到「路上偶遇卻一見鍾情的出色女性」。

比起沒頭沒腦地突然開口搭話，按部就班地實踐這樣的作戰計畫，其成功率也會格外地有所提升。

「聊天的能力得到鍛鍊」——甚至還能獲得這一項附帶的收穫呢。

✧讓效果更顯著的重點✧

因為是突然向對方開口攀談，所以不要穿著奇裝異服就成為了相當重要的一點。

初次見面就能令雙方都放鬆下來的方法

⚥「想要上床的想法」會令第一次見面的男女緊張不已！

男人和女人在首次見面的時候，因為對彼此都還不熟悉，往往很容易被緊張的情緒所環繞。面對一連串在見面之前連想都沒想過的狀況，面對兩人相視而坐的氛圍，緊張感不禁油然而生，頓時不知道應該要說些什麼才好——或許會演變成這樣的狀況也說不定。

一旦狀況演變至此，不但聊天聊不起來，雙方都會陷入一種尷尬的氛圍之中。

要趕快找些話題才行——越是這樣想著，便越是會被那樣的想法牽著鼻子走，進而容易說出一些奇怪的話，結果一場好好的約會反而淪落成在對方面前出糗的難堪時光。

一個人表現得有多緊張，也就代表著他有多在意對方——除此之外別無他因。

這是因為如果對方是一個自己毫不掛心的人，根本就不會有絲毫緊張之感。

而之所以會在意「異性」而感到緊張，則是因為在潛意識裡設想到了性事，內心抱有「想跟這麼有魅力的人上床」的希冀，故而希望對方不要討厭自己並且多留意自己。「那種事，我壓根都沒想過！」——閱讀至此，你或許會有意識地如此否定，但你的本能（潛意識）的確就是在想著「想要上床」。

我們可以說，這樣的現象跟我們在俊男美女面前，會抱著「不想被討厭」的想法並緊張不已的狀況是一樣的。

我們的腦會根據從「體感」獲得的外部資訊，去刺激「交感神經」！

會自動地去控制我們身體的正是自律神經。

之所以會覺得緊張，也是由於人體在藉由視覺或身體感覺獲得外部資訊之後，腦部判斷出「現在正陷入緊張之中，處於必須要集中注意力來保護身體的緊急時刻」，進而活躍地刺激「交感神經」。為此，呼吸變得又短又淺，全身的肌肉也為了便於隨時做出反應動作而變得緊繃起來，心臟跳動的次數也隨之增加以便促進全身血液循環——啟動這種身體的備戰機制。由於緊張是一種令人不舒服的狀態，所以便也容易帶來各種壓力。這樣一來，不僅無法靈活地進行聊天，也無法睿智地應對進退。為此，我們不得不事先掌握，如何在這種狀態之下，緊急地緩減身體的緊張感，並且隨之放鬆的方法。

透過「體感」向大腦傳遞「放鬆訊號」！

為了要使在興奮狀態下活躍的「交感神經」平息下來，並且令放鬆時的「副交感神經」活躍起來，而在腦海中不斷告訴自己「一定要放鬆下來」是行不通的。在這種情況下，重點便在於要藉由身體感覺，向大腦發送訊號。

放鬆的狀態之下，我們身體狀況的特徵，會如同這個描述。

呼吸變得深長而緩慢，全身肌肉隨之放鬆下來，身體各部位不出力地呈現自然下垂狀態。

有意識地讓自己的身體進入到這種狀態，是相當重要的一件事。

具體來說，首先要有意識地靜靜進行深長的深呼吸。接著再稍微瞇起眼睛讓雙眼便得細長。緊接下來再肌肉用力地伸個懶腰，放掉所有的力量，肩膀微微下垂且背部微彎。如果是坐在椅子上面，就先稍微將大腿打開。然後讓腳掌從確實接觸地面變成腳尖離地懸空，僅有腳跟輕輕觸地，並且讓腳踝部位交叉般地交疊起來。如此一來，就能藉由身體感覺，向大腦傳遞「現在正處於放鬆的絕佳狀態」的訊號。光是這樣，就能夠讓人大大地放鬆下來。

讓自己和對方都放鬆下來的究極身體招數！

而若想進一步地讓彼此都能夠放鬆下來，最具有一擊必中效果的，就是雙方互看彼此向上攤開的掌心。這是因為人們在緊張的時候會握拳，但是當五指打開呈現放鬆狀態，就會成為一種向大腦傳遞放鬆訊號的最佳方法。

這種時候，如果跟對方說「讓我看看你的手相」，反而會讓對方緊張起來，所以可以自己主動提起：「你知道手掌運動嗎？就像這樣。」然後將自己五指打開的手掌擺在對方眼前，用自己的雙手依序示範如下要領：一開始是只有拇指跟食指併攏，接著是只有食指跟中指併攏，再接下來是只有中指跟無名指併攏，最後則輪到只有無名指跟小指併攏在一起。一次結束之後，再反過來從小指開始做回去也同樣很有趣。

示範完可說些類似「這可以10倍活化大腦喔！」的話，邀請對方一起嘗試看看，不論對方做得好或不好，都能炒熱氣氛，並且讓彼此都快速地放鬆下來。

✧讓效果更顯著的重點✧

訣竅在於掌心向上且手指盡量打開，用玩遊戲的感覺來進行吧！

提高雙方接觸上的內涵的方法

藉由「單純曝光效應」變親近之後邁向下個階段！

前面已經介紹過反覆向傾慕的異性進行「單純曝光效應」有多麼重要。

為了讓對方近距離感受到你的存在，即便時間很短，也只需著重雙方接觸的次數。藉由光顧酒店和酒店女公關混熟，再到邀至外面約會或喝下午茶，也是需要藉由頻繁地光顧，培養出親近之感，才比較容易順利達到這個目的。比起偶爾才到店裡露個面，一露面就長時間停留並且邀至外面約會或喝下午茶的客人，頻繁地出現在店內的客人絕對更令人感到親近熟稔。

簡單來說，這就是電視廣告（Commercial Message）的要領所在。

一到冬天電視上面就會出現很多泡麵的廣告，當我們在超級市場裡面想要選購袋裝泡麵，便會不由得地將手伸向電視常看到的商品。因為它讓我們感到熟悉，並自覺對這項商品十分了解。

像這樣藉由「單純曝光效應」將自己佔據對方心中「熟悉的人」的位置之後，下一個階段就是嘗試提出「微小的請託」。

根據這樣，就能讓彼此的關係更加親近。

一旦「微小的請託」行得通，「日後的請託」就不成問題！

如果對方是身在職場的女性，可以「妳的品味很好，午休的時候可以拜託妳幫我挑挑領巾的款式嗎？我想買來送我媽的。好嗎？中午我請客。」可以這樣說，又或者是用「下班以後，可以陪我去百貨公司挑要送給我媽的禮物嗎？」這樣的請託也可以。如果對方是男性，則可以說是「挑選要送給爸爸的禮物」。

這樣一來，只要對方答應過一次你提出的請託，之後想要再請他幫什麼忙也必定會說ＯＫ。人都是這樣的。比方說，下次就可以藉故說「我有間店一直很想去看看，但是不太方便一個人去，你可以陪我去嗎？」，慢慢地提高委託的等級。一個人一旦說過一次ＯＫ，下次再被拜託就更容易說ＯＫ，這樣的現象在心理學上面被稱為**「承諾一致原則」**。而妥善運用該項原則，並且每次都微幅提高委託內容的水準，循序漸進地獲得對方協助的方法則稱為**「得寸進尺法（Foot-in-the-door technique）」**。

只要給出「正當理由」，「提出的請託」就不太會被拒絕！

不僅僅只是如此。

「挑選要送親友的禮物」或是「一直想去但一個人去不方便的店的伴」這些請託本身就具有一種「正當性」。

只要給出一個「正當理由」，人們往往便容易遵從。因為那些正當理由會予人一種不好拒絕的感覺。

而所謂的正當理由，可以是孝親、關懷公益、社會正義等，不論理由是什麼，只要其中的緣由合情合理就行。

當上司要指示下屬執行某項任務時，說出「為了社會」、「為了你的將來」等話語，就算該項任務屬於不應該做或不公正的壞事，那樣冠冕堂皇的理由卻仍是有著令下屬不由得聽話照辦的魔力存在。

「請你吃飯，但是拜託幫我挑禮物」或是「一個人不方便去的店的伴」——諸如此般的理由，只要換個角度來想，無庸置疑地就是小約會（模擬約會），但是因為冠上了一個正當理由，便將其包裝成不會讓對方認為是在約會的樣子。

「我的興趣是去那些美味餐廳，但是雜誌和電視介紹的餐廳，都是一些就算我想去也不方便一個人去的店啊……」冠上這樣的正當性理由，便能夠一直邀對方一起去吃飯。這是因為人只要答應過一次，就會傾向採取一致的行動，使之成為他的誠信原則。

就算有「正當理由」，一旦提出太過分的委託還是會招來「NO」！

只不過，不得不注意的一點是，如果「提出的委託內容」要求太高，就會令對方給出NO的答覆。一旦對方採取NO的回絕態度，基於「承諾一致原則」的作用，之後的請託便也就容易給出NO。

如此一來，即便再想藉著冠冕堂皇的理由反覆進行小約會、再想變得更加親近——這樣的野心本身就算是已經陷入難以挽回的困境了。

巧立正當理由，每次都別忘了要向給予協助的對方，展現自己由衷的謝意，讓對方感到心情愉快。

在不知不覺之間營造出一個，讓對方自然而然對你產生「好感」的氛圍是不可或缺的。

※得寸進尺法：又可稱為「階段性說服法」、「登門檻效應」或「階段性邀請」。

✧讓效果更顯著的重點✧

巧立「正當理由」，從微小的請託開始慢慢累積實績吧！

取得成功讓小約會熱烈起來的方法

小約會若只有單方面一頭熱就很難有下一次！

前面提到了可以藉由找到一個正當理由，將心儀的異性約出去進行小約會（模擬約會）的方法。然而這樣的約會說穿了也不過就只是小約會，並不算是真正的約會。

對方充其量不過也就只是根據你給的正當理由來提供協助，千萬不能產生錯覺。如果只有你一個人一頭熱地感到開心，說不定會讓對方陷入一種覺得自己似乎受騙上當的感受。絕對不能太過得意忘形。

如果你表現出莫名地過於樂在其中，接下來可能就會接二連三遭到回絕，你基於正當理由所提出的「請託」也就變得不管用了。因為對方並不全然是為了想吃你請的飯才來答應幫忙的。

你應該銘記於心的是盡可能地藉由這個小約會的機會，將「自己良好的形象」烙印到對方的心裡，讓自己升格成為對方「感情不錯的朋友關係」。

事先對「峰終定律」有所了解！

而為此，我們必須要先有所了解的便是**「峰終定律（Peak-End Rule）」**。

人是一種會藉由某些事情尋求「高峰（Peak）」之感，最後再迎來「終結（End）」。人們的記憶對於發生過的事情，存在著一種只會記住「高峰」和「終結」的法則。舉個例來說，有個小學生回頭看看自己去年暑假的事情，便記起在江之島海邊游泳時很開心的高峰，也想起了暑假快結束的時候拼命趕作業的記憶。即便中間發生的高峰十分良好，但是結尾的趕作業實在太糟糕了，高峰和終結被平均下來，去年的暑假便是「還好而已」。此外，可能還有「在海邊差點溺死，沙灘上面被人工呼吸才得救」等不好的高峰。再加上結尾的趕作業太糟，不好的高峰加上不好的終結平均起來，去年的夏天便成為最糟的回憶。

「高峰」和「終結」的記憶會像這樣被平均起來，便是「峰終定律」。這是以行動經濟學理論為人所知的美國心理學家丹尼爾・卡納曼（Daniel Kahneman）所提倡的啟發法（Heuristics）假定的認知、經驗法則之一。

如果能夠將這個運用到你的小約會上面，應該就會戰無不勝才對。

⚤「良好的高峰」和「良好的終結」的細節編導相當重要！

為此，我們有必要事先琢磨小約會的內容。

請對方午休時間幫忙挑禮物，再以請對方吃飯以示感謝——如果是這樣的設定，最好事先限定好禮物的選項，再提出「哪一個會比較適合中老年齡層的媽媽？」這樣的詢問，讓對方簡單就能給出建議，快速地買好之後就能前去吃飯是最好的。

要是做出選擇的時候花上太多時間，就不太能夠有時間一起吃飯。

接著，午餐可以去一些平常比較不會去的，稍微時尚一點的高級餐廳。

這樣一來就能創造出良好的結果。

不花費太多時間，快速地結束禮物的挑選，然後就去到時尚的餐廳享用美味的一餐——令對方留下這樣子「快」的記憶。

然後，在用餐完畢後，要回到公司的路上，「可以選到這麼好的禮物真是太好了。好開心！」像這樣表達自己的喜悅與感激，等同在稱讚對方有品味的建議。如此一來，想必就能迎來良好的「終結」了吧！

在編導一件事情時，必須要能夠像這樣安排好，能夠帶來「良好的高峰」和「良好的終結」的方法。

唯有這麼做，才能夠提升對方對你的好感度，對於下一個「請託」就更容易給出OK的答覆。

也請務必善用「柴嘉尼效應」！

和憧憬的異性進行小約會時，還有一個可以事先記住的心理學方法。

那便是舊蘇聯的心理學家布魯瑪・柴嘉尼（Bluma Zeigarnik）所提倡的**「柴嘉尼效應（Zeigarnik Effect）」**。

意即，當一件事情告一段落時，人們便會覺得安心而變得不再緊張，但要是在事情進行到一半突然中斷，那緊張的感覺便會持續下去，這是人的一種習性。連續劇或連載中的漫畫常常會在劇情進入高潮的時候，突然切換成「未完待續」的畫面，就會讓人很想趕快看到下一集。那便是運用了這個心理效應。

當兩人在小約會途中，聊到某個話題而氣氛變得熱烈之時，「這件事今天就先跟你說到這邊，我下次再跟你說〇〇之後發生了什麼離奇後續。」像這樣將話題中斷，轉移別的話題，就能在對方心中留下一個等不及的印象。妥善利用諸如此類的中斷話題效果，讓對方對下次的聊天感到期待，是很重要的一點。

✧讓效果更顯著的重點✧

藉由話題的「中斷效果」，營造出「良好的高峰」與「良好的終結」。

讓對方意識到彼此是異性的方法

⚥和對方成為「要好的朋友」後，提升到「彼此了解的男女關係」！

男人和女人若想變得要好，就必須要慢慢地縮短彼此之間的距離。

「職場上的同事（社會範疇）」→「朋友（朋友範疇）」→「家人、戀人或莫逆之交（親密範疇）」

即便只是從「職場上的同事」進入到「朋友」的關係，也必須要好好地花上時間誘導，反覆地進行單純曝光效應，進而成功邀約進行小約會。

如果不逐一拉低每個範疇的牆高，而強行一口氣越過那道分界線的話，很容易就會招來對方做出「拒絕」的反應。

當然，還必須要藉由反覆地進行小約會，從中發掘出自己和對方的「共通點」與「相似性」，加深彼此互有同感的關係。

要是不這麼做，不斷假借正當理由所進行的模擬約會也只是會逐漸變得辛苦起來。

彼此之間的關係必須要自然地達到「要好的朋友」的程度。

如若能夠建立起「要好的朋友」關係，接下來便有必要讓對方意識到彼此之間的男女關係。因為僅停留在「要好的朋友」階段，是很難期待往下繼續發展的。兩人之間是男人與女人的關係——若不將性魅力帶入彼此之間，便無法把情侶關係這個目標也納入藍圖裡面。

把握「暗、近、狹」的原則！

要想讓對方意識到彼此之間是男人與女人的關係，其訣竅就在於事先找好「幽暗、近距離、狹窄」的環境。

在這類型的環境或空間裡面，男人和女人很容易突然對彼此冒出這類的心思。網路咖啡廳、漫畫咖啡廳或卡拉ＯＫ等狹窄的小包廂，是種很接近密室的空間。如果可以從小約會的狀態，成功地誘導到能夠一起共處這類空間裡的關係，意外地很容易就能讓對方意識到「男人與女人」這回事。

在怦然心動的環境裡，意識到彼此之間的「性」！

當兩人單獨共處在這樣的環境裡，就會下意識地想起彼此之間的「性」。碰觸到身體的一部分（手、手腕、軀幹或足部等），感受彼此的氣息，就能讓心臟止不住地小鹿亂撞。

心臟之所以會加速跳動，正是因為當下處於興奮狀態。

當動物對於性的慾望高漲之時，心跳就會加快。

這種心臟怦怦亂跳的感覺，跟人們面臨恐懼時的心跳加速十分相似。

根據心理學裡相當有名的**「吊橋效應」**說法，當男人與女人同時過橋時，便會因為害怕而心跳加速。

這種心跳加速的感覺，跟意識到性這件事時所引發的心跳加速相當雷同，於是順利渡橋的男女，將這種渡橋所引發的心跳加速和性事之前的悸動混為一談，自然而然地就產生了好感——就是這麼一回事。

男人和女人同時感到心臟怦怦亂跳，是件好事。

即便是種錯覺，但還是會讓彼此意識到「性」的存在。

而坐雲霄飛車、逛鬼屋，或是觀看恐怖電影動作電影，也可以營造出接近「暗、近、狹」這類條件的環境。

⚥ 觀賞電影之時，選對電影相當重要！

話說回來，兩個人第一次去看電影，較為推薦的便是觀賞恐怖片或動作片。因為這類電影，絕對能夠讓人看得心跳加速。

愛情片不也一樣會讓人覺得悸動不已嗎？——也許有人會這麼想，不過，當電影播映結束，室內燈光隨之一亮，也有可能會在瞬間從電影情節拉回到現實的當下，感受到一陣失落感。顧及這一點，還是會想奉勸避開這類題材比較好。此外，會讓人覺得太過可憐的悲情片也是ＮＧ選項。因為那樣的電影甚至有可能會讓彼此在看完電影之後，萌生兩人的關係是一種「罪孽深重的存在」的想法。

另外，令約會更顯得有氣氛一點，昏暗一點的吧檯位置也很值得推薦。因為那是一個男人跟女人肩並著肩，可以近到臉對著臉感受對方氣息的環境。

男人和女人之間物理上的距離越是接近，心理上的距離也會跟著接近（**博薩德法則**２００頁）。

✧讓效果更顯著的重點✧

「幽暗、近距離、狹窄」的環境下，儘可能地讓彼此心臟加速狂跳。

用約會來一決勝負的必勝方法

⚥如果不自己主動「開口」就什麼也不會開始！

出席研討會或是派對，都是有機會正大光明結識異性的場合。但可惜的是，研討會上往往會跟坐旁邊的同性成員聊開，派對則以吃東西為主，吃個不停或喝個不停的人居多。

真的是可惜了這樣的一個大好機會。

大家真的必須要先知道研討會或派對都是認識異性的絕佳場合。

因為在那裡聚集了和自己的世界大相逕庭的各種人。

和我們在學校或職場上所能認識到的異性不同，個人經歷與職業也五花八門，所以相當地有趣。

只要可以在那裡結交到一個朋友，就能期待自己的交友圈獲得擴展。

在這類場合裡認識的異性，即便和自己喜歡的類型稍微有所出入也不要緊。

首先，以感覺上來說還不錯的異性為主，積極地開口攀談。

就擴展「談戀愛的人脈」這點來說，我們也沒道理不善加利用研討會或派對這種僅此唯一的「機會」。

⚥ 用5W1H開始出聲攀談！

「今天的研討會，你是因為工作的關係才來參加的嗎？」
「這種派對我是第一次參加，來的人好多喔！」
一開始只要先鼓起勇氣，說些諸如此類的話就可以了。
在這類聚會上面，開口向人攀談並不會令人感到困擾。
所以說，由自己積極地向鎖定的異性搭話這件事很重要。
另外，也不需要認為非得訴說很多跟自己有關的事。
用5W1H的原則，誘導對方和自己展開對話，並在對方說話時頷首表達贊同之意，再從中提出相關的問題，將話題延續下去就可以。並在對方回答之後，趁機稍微介紹自己。
「你今天是從哪邊出發來這裡的？」→「喔！從橫濱過來的嗎？我是從埼玉。」
如此一來，雙方之間的對話就能在一來一往之間展開。

⚥ 確認「共通點」和「相似性」來讓彼此顯得親近！

當然，始終謹記面帶笑容，一旦找到和對方的共通點和相似性的時候，「這樣啊！我也是耶！」也不忘要向眼前這位與自己有相似點的人如此強調。

接下來，和對方聊到話之後，可以彼此交換名片，開始稱呼對方的名字，緊接著再提出下面這樣的問題。

「之後，還可以向○○你請教關於○○的事情嗎？」

這樣的提問，大抵便能成為和對方之間有所關聯的契機。

如果對方看起來意興闌珊的話，也可以識趣地結束談話，儘早將目標轉移到下一個異性身上。

如此一般，嘗試用短短的2～3分鐘決勝負的談話相當重要。

得到對方回覆「可以啊」後，立即說一聲「那我可以跟你要一下你的電話號碼或信箱嗎？」就能和對方交換聯絡方式。

如果要透過Ｌｉｎｅ的話，也可以當場就互加為好友。

「我之後一定會再聯絡你，到時候再麻煩了。」向對方道一聲謝，再去接近別的異性。

⚥ 取得聯絡方式並打招呼的快攻法，能帶來「好印象」！

研討會或派對上，最忌諱一開口就長篇大論。

如果死死地纏著一個人不放，只會令人對你產生負面的印象。

快速地進行談話，交換彼此之間的資訊，確認彼此之間的共通點或相似性之後，觀察對方的反應，如果碰壁就離開，要是順利的話就交換聯絡方式。

對於這些願意交換聯絡方式的人，短短的一句話也沒關係，最好當天就要傳訊息向對方道謝。隔天可以試探性地和對方確認方便見面的日期。

而接近的目標人選，可以鎖定那些看上去較為誠懇、有效率、聰穎的人。

只要能夠讓人懷有「再見一次面說不定會很有趣」的想法，就算是成功。

像這樣不斷地去擴展與人之間的邂逅，理應能為最適合你的異性之間順利搭起一座橋梁。

✧讓效果更顯著的重點✧

研討會或派對這種短暫的聚會，藏有結識異性的機會。

塑造並強化自身形象的方法

關注自身與周遭人眼中的形象落差！

在校園或職場等，這些佔據我們每天的生活基礎的空間，你在他人眼中有著什麼樣的形象？——這一點相當重要。

應該是有著做事一絲不苟的個性，而且善於察言觀色吧——即便你自己這麼想，實際上也有可能被認為只不過是個膽小且懦弱的人。

就算你覺得自己在大家眼中「應該是個陽光開朗的人」，有可能被評價為一個愛說話的麻煩鬼。

自己的個人評價與周圍人們眼中的形象，之所以會產生如此大的落差，往往是起因於「嚴以律人，寬以待己」的「人性個性」。

想要讓這樣的落差消失，首先要有意識地去改造自己「養成日常習慣」。意即改變容易因循苟且的自我舉止。

挺直腰桿，有意識地將動作或態度養成習慣！

那個方法便是先找出對男人與女人來說的「標準理想形象」，再讓自己有意識地去詮釋出那樣的形象。

若為男性，可以挺起腰桿，豪邁地邁步，落落大方地坐下——讓自己有意識地去做出這樣的姿態和動作。保有「自己是事業有成的男人」這樣的自信也很重要。僅僅只是這樣做，就能給予周遭的人一種具有洗鍊男人氣息而嚴謹的形象。

女性則是可以挺直腰桿，優雅地走路，悄然安靜地坐著——有意識地去做出這樣的姿態。隨時在「我很漂亮」的自我形象下，時常讓自己保有在談話時露出優雅微笑的從容。單單是這樣就能讓自己的魅力大增。

提高自己的存在感，就能自然而然地散發出一股超出平均水準的氣場。

⚤ 故意將「優點」說成「缺點」的招數！

接下來，如果你想在和異性的對話中，若無其事地「提到自己的事情」時，建議大家不妨可以改用下面這樣的方式。

意即，故意將想要作為「優點」來介紹的部分，替換成「缺點」輕輕地一語帶過。雖然炫耀般的行為會讓人覺得討厭，但要是語帶自嘲，反而卻會讓人感到安心而樂於聞問。

優點「很會察言觀色」↓缺點「愛多管閒事」＝「我這個人啊，有時很愛多管閒事。」
優點「溫柔體貼」↓缺點「老好人」＝「要去警告別人就會覺得過意不去啊。」
優點「度量大」↓缺點「得過且過」＝「這種小事我覺得不用太過於計較啦。」
優點「行動派」↓缺點「急驚風」＝「我這個人就是急驚風，不馬上去做就會覺得不對勁。」
優點「一絲不苟」↓缺點「斤斤計較」＝「抱歉我太斤斤計較了。我就是會忍不住注意到這些地方。」

雖然是用一種說出自身缺點的方式，但已經充分傳達出自己的個性。
如果有可以作為自嘲式的失敗故事這種博君一笑的插曲，就能在他人心中留下強烈印象。
對方正是自己想追的類型——如果不想被對方察覺到這件事之時，這個方法便相當地管用。

⚥事先準備好可以拿來說的「自嘲話題、失敗故事」小插曲！

當你察覺到自己的形象不如所想地偏到了負面時，有個方法可以讓人感到這種負面形象的落差，逆轉自己的形象。
如果自己的外表給人一種溫柔的優等生形象時，「我有學過空手道」、「高中的時候，還曾經打架被停學處分」說些諸如此類的話，也有可能會意外地讓人覺得是個勇猛果斷的行動派。

當我們想要向人介紹自己的時候，常常會不由自主地想要直接地「自顧自地」說話。

不過，那樣一來便會成為一種「炫耀」，為人帶來不快的印象。

事先將自己的加分點，改成說些自己的「自嘲話題」、「失敗故事」，以備能在需要的時候派上用場。

✧讓效果更顯著的重點✧

直接了當地介紹自己會令人覺得是在炫耀。不妨改說些「自嘲話題、失敗故事」吧！

和討厭自己的人變得友好的方法

有很多人連對方討厭自己的理由都搞不清楚！

即便職場上有你覺得「真不錯」的異性，想慢慢反覆地藉由「單純曝光效應」來拉近彼此之間的距離，但對方卻早在一開始就不喜歡你的前提下，你應該要如何是好呢？這種情況下——你連自己為何會被對方討厭的原因都丈二金剛摸不著頭緒。如果知道自己為何會被對方敬而遠之，還能從那個原因開始著手，改由強調別的方面，另立接近對方的全新作戰方法。

然而，一旦不知道被討厭的理由，便會淪落到一種相當惱人的狀況——即便只是不經意地出現在對方周遭，可能也會引發對方的反感。

但是話又說回來，希望大家能夠好好地回想一下，其實前面有一章節就已經先向大家介紹過，人之所以會喜歡上一個人、討厭一個人，都是有跡可循的（24頁）。

這也就是說，當人覺得從對方那裡感受到威脅，或是彼此之間沒有可以引起共鳴之處，就會對那個人產生討厭的情緒。一個被討厭的人，也就等同是一個令人無法安心且毫無共通點的人。

當然也有一些情況是，看到那個人的臉，就自然而然地升起一股反感的情緒。

這多半是受到潛意識的記憶所影響。

即便自己沒有意識到，但我們往往會將過去遇到的討厭的人或討厭的事情，投射到某個相似的人的臉上。「總覺得很像那個人」——想必大家都有過這種經驗吧！

對於討厭自己的人，藉「小委託」拉近距離的方法非常有用！

當人們受到喜歡的人的委託時，多半會儘可能地答應，但如果是討厭的人來拜託的事情，往往都會予以回絕。因為要是答應了，很容易引發雙方之間的認知不協調。「到底為什麼要答應那討厭鬼的委託！」像這樣氣到不行。

不過，如果換成是「可以跟你借一下橡皮擦嗎？」或是「從東京車站到新宿，JR還是地鐵哪個比較方便？」等，非常雞毛蒜皮的小委託、小問題，狀況又會如何呢？「才不要！」、「不知道啦！」要一個一個像這樣回絕也是很麻煩。

此時，「給！橡皮擦。」、「JR有快速列車比較快。」對方多半會採速戰速決的回應。

誠懇道謝的態度，可以改變對方的「認知」！

這便是「微小委託」的方便之處。要對這種小到不行的委託說出「NO」實在是令人感到壓力，所以對方往往便容易答應下來。

當然，因為是對討厭的人說出「YES」，心中難免會產生一些糾結。在「不小心對那傢伙表現出親切感」的後悔之中，也引發了認知上的不協調之感。

而內心這樣的不協調狀態，是相當令人不快的。

為什麼要對那種討厭鬼那麼親切呢——？對於無法坦率地按照自己的內心，無情地予以回絕的自己，感到十分地悔恨。

然而就在此時。

「剛剛謝謝你借我橡皮擦。真的幫了大忙。這個是我上禮拜出差的時候剛好買到的北海道限定口味的Pocky。請你吃吃看。」見到對方如此鄭重其事地來道謝，還順帶親切地送上一盒Pocky，內心又會作何感受呢？

只不過是借給對方一塊橡皮擦，就拿出餅乾來道謝，多少令人難以承受地想要回絕，但也從中感受到了對方有多感謝自己。

或者是聽到對方事後的報告，「昨天真的很謝謝你跟我說坐JR比較快。多虧了你，我才能順利抵達客戶那邊，也順利地解決了他們那邊的急件。」並得到對方誠懇的致謝，又會做何感想呢？

⚤反覆藉由「極小的委託↓感謝」讓自己從「討人厭的傢伙」稱號中畢業！

「很有禮貌，出乎意料地是個不錯的傢伙啊」——想必你的認知會這樣悄悄地開始改變吧！

然後，接下來只要類似的事情再多個幾次，應該就會晉升為「感覺是個挺不賴的傢伙」了吧！「對討厭的人表現出親切感」這樣的認知會令人感到不悅，但只要這樣做，就會變成「因為他是個好人所以對他親切」這樣的認知，就會感到暢快之感。

誠如上述所提，利用「小委託」靠近討厭自己的人，得到對方回覆「ＹＥＳ」之後的協助，鄭重地表示感謝之意——反覆這樣做，就能從「討人厭的傢伙」升格成為「還不錯的傢伙」。

✧讓效果更顯著的重點✧
最重要的一點就在於——提出對方容易接受的「微小委託」。

藉由占卜的話題來讓關係變得要好的方法

⚥ 為什麼女性中有大多數人都「喜歡占卜」呢？

前面已經跟大家說過——男人的大腦和女人的大腦不一樣。男人的大腦以理論為優先，重視根據與原委。另一方面，女人的大腦則是以與他人之間的認同感為優先。喜歡占卜的人以女性居多、男性較少的這件事，便是反映出了這個傾向。雖然男性常常會直呼「占卜什麼的根本就不準！」，但要特別注意的是，要是在女性面前說出這種話，可是會被討厭的喔！因為否定女性，就等同是要跟對方找架吵。

男性之中，有多數人覺得占卜毫無根據所以不能相信。此外，男性多半也具有討厭被人分析、被人討論的傾向，所以才會有這樣的態度。

另一方面，女性則是喜歡和人討論、分析自己的事情。

因為女性擁有追求認同感的大腦，所以會尋求各種的判斷。比起占卜準不準，她們對於自己是如何被評斷的這件事本身更感興趣。

⚥ 喜歡占卜的女性為「容易受騙的女性」＝「容易求愛的女性」！

僅僅只是向一位女性詢問她對於占卜這件事的看法，大抵就能知道她是哪一類的人。如果是完全不相信占卜的女性，她可能便具有獨立意志的男性大腦。這類的女性擁有一對用於觀察男性的銳利雙眼，所以應該很難用普通的方法說服。

另一方面，這些對於占卜等心靈宗教相關的事情抱有高度關心的人，本身就是很容易受到他人暗示誘導的類型。因此，這類人很容易被人催眠暗示，也很容易對一些事情產生依賴。

舉例來說，只願意相信占卜所顯示的「好事」的人，雖然懷有樂觀思想，但卻也很容易忽略負面的事情而受騙上當；過於在意占卜所說的「壞事」的人，屬於杞人憂天的類型，故而也容易被人玩弄於股掌之間，說穿了也是容易受騙的這類人。

會熱衷於特地跑去找占卜師等人尋求預測某些事情的人，內心特別不安而敏感，屬於容易依賴對方的類型，可以說是非常好騙的人。

換句話說，喜歡占卜的女性，普遍來說就是「容易受騙」＝「容易求愛」。

男性只要在一開始先試探性地問問對方有多喜歡占卜，便可輕易地操控女性。

⚤ 裝出一副都是為了獨一無二的「妳」！

向女性拋出「我想幫妳算命看看，可以跟我說妳的出生年月日嗎？」這樣的一句話，當女性對這話題感興趣而問道「咦？你會算命嗎？」時，便已是囊中之物。

如果對方立即告知是何年何月何日出生，請不動聲色地將這資訊記到手機裡面吧！之後就是憑藉男性個人的「真本事」。

可以隨機應變地發揮自己事先掌握到的一般算命占卜知識，如果不太懂算命的話就故弄玄虛一番吧！

將對方的出生年月日輸入某個占卜網站，或是叫出手機裡的計算工具，最好在計算時裝出一副煞有其事的模樣。

這裡最重要的一點就是要表現出只專為眼前這位女性做占卜的樣子，讓她對此留下印象。換句話說，是根據眼前唯一的「妳」去量身打造的占卜。

引爆「巴南效應」，一口氣提升對男性的信賴感的方法！

當眼前的女性看到這樣的占卜操作時，情緒應該會變得興奮起來。

對於會出現什麼樣的占卜結果感到一絲不安，卻又想早點知道結果。

然後，首先一開始便將適用大多數人的事情，當作是只有眼前這位女性才適用的事情向她告知，是精髓所在。這便是所謂的**「巴南效應（Barnum Effect）」**。

「妳常常都被孤獨感所籠罩呢！」、「妳有時候會太過在乎周遭的人怎麼看自己。」、「妳有時好心會把好處讓給別人，自己忍氣吞聲。」、「妳過去三年裡面有過很傷心的離別經驗。」鄭重其事地告知這一類的話。

這樣一來，對方很容易就會將自身的實際經驗和抽象的語言做連結，覺得「被說中了」。每個人都曾感到孤獨，也多多少少會去在意別人對自己的看法，對違反規則的人睜一隻眼閉一隻眼。長達三年的歲月裡，可能有過失戀，也有可能面對過死別。只要對方覺得「被說中了」，就會開始對你產生「依賴」。

接下來便會開始對你傾訴她的往事，「這種狀況，應該要怎麼做才好？」甚至向你尋求對策。此時，只要給予正面的暗示，鼓勵對方打起精神，就更能增加對方對你的信賴之感。

對於做事較為謹慎的女性，可以給予「妳真的是個很有想法的人呢！」的評價，對於精靈古怪類型的女性則可給予「妳真的很深思熟慮呢！」的稱許，只要給予對方和其刻板印象相反的評價，就能被對方當成是一位能理解她的人。

✧讓效果更顯著的重點✧

只要為喜歡算命占卜的女性算命一次，就能揭開她的面具，讓她對你開始產生依賴。

ONE POINT ADVICE

男人千萬不要漏看
女人「有跡可循的訊號」！

男人必須要細細觀察女人所給出的「有跡可循的訊號」。

所謂的「有跡可循的訊號」，指的就是「如果被邀出去約會之後可以被告白，就太開心了」這種，由女人向男人發出的暗示訊號。

男人應該要儘早察覺這些徵兆，及早邀約告白才是。

☑ 被別的男人攀談時笑容敷衍，在你面前卻甜笑盈盈。
☑ 常常有事沒事找你說話，說話時會直視你的雙眼。
☑ 只要你一出聲找她，二話不說地立即予以回應。
☑ 對於你提出的公事囑託或私下委託都親切協助。
☑ 訊息都回覆得很快。夾雜慰勞或掛慮的遣詞用字。
☑ 服裝趨於精心打扮，在你面前會出現較多可愛的動作。
☑ 在言談之中很常提及你的名字。
☑ 和你之間若無其事的肢體接觸變多。
☑ 跟你說話時的語調不自覺變高。

如果確認對方會有上述反應時，即便提出約會邀約或告白，多半也會立即得到正面答覆。請好好地觀察並加以分辨。

第2章 約會篇

使勁全力地縮短
和對方之間的距離！

橫刀奪愛已經死會的異性
使其改跟自己交往的方法

「戀情」跟「愛情」之間的差別是？

戀情的基本動機是「性慾」。

或許有很多人會和美夢或浪漫混在一起，實際上戀情這種感情，除了「情慾」之外，別無它物。於是，隨著邁入高齡，「性慾」減少到幾近沒有的老年人，便失去談一段戀情的動機了。相反地，即便年紀增長，「性慾」上卻仍未有絲毫衰減的這些老年人，往往容易跟一些難以料想到的問題行動連結到一起。

由此看來，我們可以說是，應該要從「性慾」最旺盛的思春期開始，趁著二十幾歲到三十幾歲的還算年輕的時期裡，好好地談上幾場轟轟烈烈的戀情。

多去談幾場戀情，便能從中找到想要一起走完人生或共同生活的理想伴侶。覓得一位讓自己的心得以安棲的對象，在共同的生活中培育愛情與信賴，或許能讓之後的人生更顯精彩吧！

在這層意義上，「戀情」或許正是一個催生出「愛情」與「信賴」的契機。

以「後援者」的姿態接近已有另一半的異性身邊即可！

要接近已經死會的異性，並且交上朋友是很困難的一件事——大多數的人都會這樣認為，但縱使是已經有了另一半的異性，也是有方法能輕而易舉地使其和另一半提出分手，甚至是進而與自己交往。

因為所謂的戀情，基本都是建立在「性慾」之上，所以只要妥善得宜地刺激對方的「性慾」就可以了。

「世界上有99％的戀愛，都是無疾而終的。」——甚至還有這樣的數據調查。

而這種狀況，我們可以加以解釋成——沒有人不曾失戀過。

所以我們應該要拿出自信，就算心儀對象已經死會也不輕言放棄地接近，將其變成自己的伴侶。

只不過，在接近已經有另一半的異性時，有件事情必須要多加留意。千萬不能讓對方覺得「你是來破壞他們感情的人」，一旦被對方如此認為，就會立刻被拒之門外。

因此，即便不小心露出馬腳，也不能就這樣唐突地做出「告白」等舉動。

「我是真心為你們的愛情加油打氣的」——絕對要堅守住這樣的立場，慢慢地接近對方。

這樣一來，就能挑撥心儀的異性與另一半的感情，進而成功橫刀奪愛。

獲得對方心中「彼此都各有交往對象的異性朋友」的地位！

接近已經有死會的異性時，有必要假裝自己也是有交往對象。

如果不這麼做的話，就會被視為「戀情的破壞者」而受到警戒。所以，可以在心儀對象的面前，塑造出自己也有一個戀人的假象，在心儀對象的面前裝出一副處於熱戀中的狀態。

如此一來，心儀對象就會感到放心。

因為心儀對象會認為——就算有個萬一，對方也不至於會來跟自己告白。

「昨天，我女朋友不小心在酒吧喝了太多龍舌蘭。」

「我跟男朋友說好，下次要在平日帶我去迪士尼樂園玩！」

就像這樣，事先將欲營造的假象混入平淡無奇的閒談中，營造出自己的女朋友或男朋友的假想形象。過不了多久，聊到彼此的男朋友或女朋友時，就不會顯得太過不自然。而且這麼一來，「彼此之間只是各有交往對象的異性朋友」這樣的立場就能底定。

「就算兩個人的交情變得再怎麼要好又怎樣？我們都各自有交往對象了啊」——在這個大前提之下，雙方都能安心地交朋友，也可以向旁人展現這段友誼有多健全。

你們是在哪裡認識、感情怎麼變好的？——在談到有關彼此男女朋友的話題時，也算是一種關於雙方男女朋友優點的情報交換。

此時便可以趁機了解對方喜歡的戀愛模式、比較喜歡哪一類型的人。

關於你的虛擬戀人，請事先想好一些具體的事蹟或故事。而這些創作出來的故事，最好還要滿懷你對戀愛對象說不盡、道不完的溫柔體貼。於是久而久之，對方就會開始把自己和另一半的事情拿來和「你們這對情侶」做比較。哪一對情侶在一起過得比較開心呢？針對諸如此類的事情做出各種比較。換句話說，隨著各種令人生羨的事蹟傳進對方耳裡，其內心就越會逐漸被唆使地認為「你們這對情侶」幸福得令人羨慕。

事情只要發展到這個地步，成功便已如探囊取物。對方應該會向你請教關於戀情方面的煩惱。如果對另一半有所不滿的話，這樣的戀愛諮詢便增添了一抹深意。

到最後，對方的想法多半都會變成：跟自己的另一半比起來，你簡直就「好上太多！」。

✧讓效果更顯著的重點✧

事先創作出很多個你跟虛擬戀人之間的故事，每個故事都要讓人覺得你棒多了。

用話術成功求愛高人氣酒店女公關的方法

酒店女公關「層級和排名」是不一樣的！

熱衷於酒店女公關而持續前去捧場的這些人裡面，就算有人能夠成功向在酒店打工的業餘女公關求愛，對於人氣進入前三名的專業等級（幾乎每天出勤）女公關，大部分的人還是「相當難將其追到手」。

那是因為專業的酒店女公關，擁有相當高的專業意識而不會在白天從事其他工作，這一點跟白天會去上課的學生或上班的粉領族不同。

想看看趁著還年輕可以賺多少——基於這樣的動機從事這份工作，為了得到更多來自口袋深不見底的顧客指名，將心力都投注在店內爭名爭利的勾心鬥角之中。

有些來酒店打工的業餘女公關會用「陪睡」的手段拉客，想當然耳，這些專業級的女公關絕不會這樣做。因為她們早已心知肚，即便使出「陪睡」這種手段，也並非長久之計。而且，要是不把目標鎖定那些資產雄厚的富豪，就算可以迷倒好幾個領死薪水的上班族，不消半年便會散盡錢財、債台高築，當口袋裡面再也拿不出半毛錢，彼此之間也就不存在一絲一毫的緣分。此處雖然會介紹如何成功攻陷前三名高人氣女公關的方法，在那之前，還是先介紹可用來追求那些屬於打工一族的業餘女公關的簡單方法吧！因為這部分的難度出乎意料之外的低。

一開始不指名，先鎖定來打工的新人女公關並成為「朋友」即可！

比較容易求愛成功的女公關，多半是那些把這工作當作打工的新人女公關。因為才剛踏入這一行，對於這樣的一個夜世界還沒來得及了解太多。

比起新宿或六本木，將目標鎖定那些座落在燈紅酒綠的小小繁華街道裡的店家更為來得好。因為地處城市近郊，收費價目整體來說會較為便宜，店內的規定也會比較不那麼嚴謹。

要想找出哪個女公關是剛來店裡打工的新人，就要早一點到店裡面當「本番客（不指定坐檯小姐）」。在裡面待上15分鐘、20分鐘，身旁坐著的女孩會不斷地輪替。如果是一間小到身旁的女孩幾乎沒有輪替的酒店則除外。

和坐到身旁的女孩子聊聊天，如果覺得「有機會」，就可以直接在店內指名預約「同伴出勤[※1]」。只要能夠交換到手機號碼或互加為Line的好友，馬上就會產生一種兩人變成朋友的感覺。之後再像這樣發展兩人在店外的約會，逐漸地日久生情，一起進飯店的日子也就指日可待了。

反過來利用酒店是「假裝談戀愛的世界」的這一點！

業餘女公關即便遵守酒店業界裡的嚴格規範，也是遵守得相當勉為其難。

因為她們身處在一個淨是女人的競爭環境裡，休息室內的霸凌或欺壓大抵也是家常便飯。

活在這樣一個嚴苛世界裡的業餘女公關，對於溫柔對待自己、還願意額外付費跟自己在店外碰面的客人，馬上就會心生親近。身陷競爭環境裡的不安心理，會令她們越來越難以拒絕客人所提出的上床邀約。

這樣算是陪睡吧——儘管內心這麼想，還是會順從地接受。因而相當容易求愛成功。

只要針對新人女公關的不安心理加以撫慰，就能令她們將這種情感與一般男女戀愛心理混為一談。這類新人女公關出乎意料地大多沒有男朋友，也是相當便於出手的一點。

然而，身經百戰的高人氣女公關，就無法用這樣的方法順利追到手。備受歡迎的她們，非常清楚自己的價值所在。一開始便早早確立了個人的經營方針，把目標放在找到資產雄厚的有錢人並好好地留住他，所以我們也必須要有相應的武裝才行。

酒店這種風月場所，本身就是一個上演「假裝談戀愛」戲碼的世界。我們只要反過來利用這一點進行作戰就可以了。簡單來說，就是去扮演一位會讓酒店女公關想要認真交往的男人。

佯裝自己是一位IT相關企業的經營者，就能輕鬆得手！

一開始，你要先做張頭銜為ＩＴ相關企業總裁的假名片，以便可以拿來賣弄身價。至於印在名片上的公司地址，可以向位在銀座或六本木且提供住址出借服務的行動商務中心※2事先做申請。接下來，請選在酒店營業時間接近打烊的時候去到店內。穿著裝扮一定要是整套正式的西裝，錢包裡面塞滿多張萬元日鈔，結帳的時候再誇耀般地，將這個裝滿大鈔的錢包拿出來。光是處理好名片和錢包這些小細節，就能讓專業意識極強的高人氣女公關眼睛為之一亮。

你要佯裝自己是一位非常忙碌的紳士型經營者，對女公關提出於營業時間前後在店外碰面的邀約，最初都要以太忙沒空的理由回絕。淡然地持續大概3～4次。

然後，在某個時間點，「我接下來要去演藝圈朋友經營的店捧場，要一起去嗎？」向那位高人氣的女公關提出邀約。她應該會開心地與你同行吧。越是受歡迎的女公關，越是時常處在興致高昂的狀態下。去完酒吧之後，只要你再邀約去飯店休息，她就不太會說不。有人藉由這樣的方法，攻下了一個又一個的酒店女公關。請不妨試上一試。

※1 同伴出勤：開店前一到兩小時前先跟店內女公關約在店外碰面，通常是一起吃頓飯，吃完再一起前往店內飲酒消費。需依價目向店家支付該名女公關的同行費用，且店外的消費亦一律由客人買單。

※2 行動商務中心：日文為「秘書センター」。由專業秘書為客戶提供電話代接服務。部分業者亦附加提供工商地址出借、信件代收等多元商務服務。

✧讓效果更顯著的重點✧

勝負的關鍵就在於——你能把「有錢的紳士」演得有多像。

藉由飲食提升雙方親密度的方法

如果想要提升友好程度，不妨詢問對方「好吃嗎？」並聆聽對方即興的「試吃心得」！

當男人和女人一起分享同一份食物，兩個人之間原本存在著的隔閡，便會不可思議地變得渺小起來。

如同自古便有的「同吃一鍋飯」這句話一樣，大家合吃一個食物這件事，伴隨著這個滿足生存慾望的原始行為，這種分享食物的舉動同時也是一種「彼此是夥伴・相同陣營」的強而有力的證明。

因此，如果希望男女之間的感情變得更要好，煮成一「鍋」來分享取用的料理、「燒烤」或「涮涮鍋」可說是都很推薦。

比起「各吃各的」，和對方「一起享用同一道料理」所帶來的感受，能將「彼此是夥伴・相同陣營」的記憶烙印到雙方的潛意識裡面的效果發揮得更為顯著。

如果想要擁抱更多親近之感的話，在各自分別吃著食物或喝著飲料時，可以試著詢問對方「你的那個，好吃嗎？」，或是興味盎然地問說「什麼樣的味道？」也是不錯的方法。

「呃——嗯，甜甜的，帶有一點奶味……」像這樣讓對方給出品嚐後的感想。

「吃起來是很甜嗎？還是微甜？」再繼續追問諸如此類細微的問題。

被人這樣一問，很不可思議的，後續往往都會演變成反問對方「那，要不要吃吃看？」或是「要不要喝喝看？」」。

因為這樣子的提問，會讓人對於只有自己一人獨自品嚐一事，湧現少許的罪惡感。

只要不是太過討人厭的異性，通常都會變成這種狀況，所以請不妨嘗試看看。

緊接著，當你將對方的食物或飲料送入口中的瞬間，雙方心中就會升起一股「間接地接了吻」的共有感覺。

此時，對於兩人的關係，莫名地會比之前湧現出更多的親切之感。短短的一瞬間，不知不覺中將這強烈的「彼此是夥伴・相同陣營」感覺烙印進彼此的心中。

用「超級！好吃！」的逆向操作，推估對方的好感度！

這件事，我們也可以反過來加以利用。

由男性這邊主動開口說出「這個，超好吃的！」，說的時候用興奮的語氣來渲染食物的魅力。

然後，再不疾不徐地開口問對方：「要不要吃一口看看？」「可以嗎？」當女性對你的提議表現出接受的意願時，便可視為她對於你的接受度相當地高。

而若是由女方這邊主動向男方提出「想吃吃看」或「想喝喝看」的要求，亦等同是一種對你釋出的強烈ＯＫ訊號。

這表示她對於這樣逐漸密切下去的關係，沒有任何的抗拒。

接下來，就是靜候一個你應該要積極進攻的時機到來。

向女性耍賴看看的效果如何？

然而，相反地，當你推薦對方嚐一口味道，對方卻用「沒關係」來加以回絕，這就代表你們之間的隔閡還相當地大。

她明顯對於會因此而間接接吻這件事，帶有相當大的抗拒，若要這位女性求愛，應該還要再花上一段時間。

就像這樣互相向對方推薦自己所點的食物或飲料，在量測雙方內心的距離上面，扮演了相當重要的角色。

遇到對方回絕自己時，作為消除其心理上的抗拒感的方法，也可試著向對方說：「那個吃起來是什麼味道？可以讓我嚐一口嗎？」向女方耍賴看看。

然後由女性用自己的筷子或湯匙將食物分一些出來，放到男方的碗盤裡面。

雖然男性是明知該份食物女性已經吃過了還開口，但是當女性看見男性將食物吃下去的瞬間，她應該就會明顯感受到男性對自己的好感。

因為這樣的行為，等同是在向她展示：「我喜歡妳，所以妳吃過的東西也完全可以接受。」一般女性對於這樣的發展，應該是不會有不舒服的感覺才對。

即便女性可能會對透過吃進男方的餐點，與其產生間接接吻的行為有所抗拒，但是當她們看到男性吃下她們吃過的餐點而間接接吻的舉動，卻不會感到抗拒，原因就在於這樣的行為讓她們產生優越感，一股安心感也隨之擴散開來。

男人藉由這樣的方法來展現自己，也不失為是一個方法。

✧讓效果更顯著的重點✧

事先記住「藉由餐飲品的分享、共享，可有效縮短男女之間的距離。」這個訣竅吧！

不被拒絕地邀約成功的方法

男人難以向女人提出邀約的心理為何？

「可以和我約會嗎？」這種向女人提出邀約的台詞，實際上應該很難說得出口吧。這是因為「約會」這兩個字，已成為容易讓人聯想到男女戀愛或上床的詞彙。面對心儀的異性，這樣的台詞便會令人害羞到難以說出口。

如果你想問，那麼男人都是怎麼向女人邀約的？「澀谷新開了一家有趣的店，要不要一起去看看？」或是「下星期天如果妳方便的話，要不要一起去迪士尼樂園？」多半都是像這樣找個藉口。

不過我想，應該有不少人，就連這樣的台詞也不太說得出口吧？

為什麼說不出口呢？——真要說的話，其原因就在於害怕遭到拒絕。

光是想像對方可能說出「抱歉，我每個星期天都要練網球。」或「五點下班後我要去上課，所以沒時間。」用諸如此類的藉口來讓人碰軟釘子，內心便不由得為之意志消沉。

啊啊，被閃避了，這沒道理啊——對於只能被迫接受這樣事實而懊悔不已。

只要彼此之間存在著距離，選擇「拒絕」就是人之常情！

這個被拒絕的現象，當然要歸因於自己與邀約對象之間太過疏遠。

因為沒有設想過，要先藉由單純曝光效應拉近彼此之間的距離，所以才會遭到拒絕。

當彼此上處在沒有建立起「擁有親切感的關係」、「具共鳴的關係」的階段下，就開口邀約，對方當然會基於你是「不太熟的人」這一點，毫不在意地加以回絕。

請試著回想一下先前提過的，人際關係親密範疇。

自己和職場裡的上司與同事、學校裡的老師之間的關係，屬於「社會範疇」。

如果想從對方的「社會範疇」，一口氣進到「朋友範疇」，甚至是戀人或莫逆之交的「親密範疇」裡，就會令對方產生警覺，在「接受」或「拒絕」之間，多半都會做出「拒絕」的決定。請絕對不要忘記，務必要先努力拉近彼此之間的距離。

在有距離的前提下也能順利邀約的方法！

在雙方之間尚未縮短到足夠的距離時，找個正當藉口，將其作為「請託」拜託對方看看，也是一個拉近彼此距離的好方法。

若要用公事作為藉口，「我想要幫新產品拍簡報用的照片，妳可以入鏡協助拍照一下嗎？」這樣的狀況也很合理吧！

此外，「我想買個生日禮物送A公司的女總裁，跟她套好交情，不知道妳能不能陪我去一趟百貨公司，幫我看看要挑什麼禮物比較好。」也是不錯的說法。

這樣的話，即便距離有點遠，因為有了「因公事需求」的正當理由，對方也會較難以拒絕，給人一種應該要伸出援手的感覺。

作為幫我這個忙的謝禮，讓我請妳吃頓飯——這樣的發展也就順理成章了吧！

令人難以回絕的「邀約手段」！

另一個希望大家也能先記住的，則是**「雙重束縛（Double Bind）」**這個心理技巧。

「我想要幫新商品拍些簡報用的照片，妳這個禮拜四或禮拜五，哪一天下班後有空？」

「我必須要買個小禮物送一間公司的女總裁，想拜託妳陪我去百貨公司挑選，妳今天或明天哪一天比較有空？」

這些都是以對方會幫忙為前提，來做出詢問的「邀約手段」。

因為這是「提問裡沒有拒絕的選項，並且只能從中做出選擇」的雙重束縛，對方往往就會從選項裡面做出抉擇。而由於提問是建立在「會幫忙」的這個錯誤前提，所以其實也是一種可以稱為「錯誤的前提暗示」的誘導手段。

舉例來說，不要說「下次一起去吃頓飯吧？」，而是要改問「一起去吃頓飯的話，妳今天或明天哪一天比較方便？」，抑或是「要去吃飯的話，妳比較喜歡去新宿還是銀座？」諸如此般的邀約方法。只要用這種方法邀約，在「一起去吃飯這種默許的前提」強烈作用下，就會令對方產生難以無情回絕的心理，進而在有限的選項內做出選擇。請務必試上一試。

✧讓效果更顯著的重點✧

用雙重束縛的方法邀約，讓對方陷入難以拒絕的心理，進而順利邀約成功。

讓約會時的閒聊有趣到炒熱氣氛的方法

聊天有一搭沒一搭的狀況其來有自！

好不容易才將對方約出來，但是約會的過程中一直聊不起來，因而約不成下一次——這類經驗，任何人應該或多或少都經歷過。將一切歸因於「個性上面合不來」這個結論上面，然後尋找下一個目標也是一種方法，但對於約會老是進行得很不順利的人來說，當務之急應該是要先檢視自己在聊天這件事情上面有沒有問題。聊天通常都是開始於某一方所提出的問題。

「公司的工作狀況如何？很忙嗎？」

「嗯，還好啦。雖然有時也會加班，但也不會到太累」

「那很不錯。我們每天都要加班啊！」

「你通常都在公司待到幾點？」

「每天大概，都是留到9點左右吧！」

「哎—，很忙呢。那公司會給你們加班費嗎？」

「沒有啊！只有給大家都一樣的加班津貼……」

「嗯－，那不就幾乎是加班加心酸的？」
「嗯啊，算是吧……很受不了呢，真的是……（話聊不下去）」

所謂的談話聊天，通常是在得到對方的回答，對其內容予以理解，再針對該內容提出相關的問題，或是加上自己的見解，重複這樣的循環，但我們卻看得出來此處的談話將無疾而終。
問題太過無趣、被問到不想回答的部分、問題本身沒有答案，抑或是傾聽者的反應太過單調——這些事情都是會讓談話聊天進行不下去的原因。以這個對話為例，聊天的話題逐漸變得負面，再加上雙方在傾聽對方說話時，都表現出單調的反應，在在都是聊天聊不下去的原因。

男人「只顧著說自己的話」是讓談話無疾而終的最大主因！

最不該的一點是，原本應該是扮演領導角色的男方，向女性拋出關於工作上的話題之後，比起引導對方說話，反倒是馬上就說起關於自己的事情，這一點存在著相當大的問題。
聊天的時候，如果不多讓女性說話，談話就熱烈不起來。這樣就會很難聊得起來。
例子中的這個男人，一聽說該位女性的職場比較少加班，予以回應「那很不錯」，然後又馬上再接著拋出「我們每天都要加班啊！」這種自虐性的話語，想要多說些關於自己的事情。
女人正是因為看穿了這一點，所以才會反應機靈地問出「你通常都在公司待到幾點？」這個問題。

接著，男人就說了說關於自己的事情，但卻只回答「每天大概，都是留到9點左右吧！」令人不解這男人究竟在追求什麼。

是希望女人對他抱以同情嗎？還是對於工作上的忙碌感到自豪？話中的語意含糊不清。

於是，女人便想提出比較有把握的問題，追問「有沒有加班費」，男人則因而遭到打擊。

這幾乎可以稱得上是一種自爆了吧！這真可說是「只顧著說自己的話」所招來的不幸。

「善於傾聽」就會被評價為「善於聊天」！

當一個人被稱讚說是「很會聊天」，其實指的是他「善於傾聽」。

向對方提出問題，聆聽問題的回答，接著再針對聊天對象想說的事情進一步給出提問。

對於對方的答覆，認真給出幾近小題大作般的「附和」，留心於做出明確反應。如此一來，對方就會講得越來越起勁。比起去跟別人說自己的事，對於對方所說的話語表現出興致盎然的態度，更能夠給予對方良好的印象。

談論自己感興趣、有在關心的事情，任誰都會覺得心情愉快。

其結果，明明是對方自己說了很多話，卻反而會將我們視為「傾訴者」。

男人只要採取這樣的態度，約會時的閒聊就會不由自主地熱烈起來。

「公司的工作狀況如何？很忙嗎？」

「嗯，還好啦。雖然有時也會加班，但也不會到太累」

「真好，只是有時加班。這樣很好啊。那妳下班後的時光應該很充實吧？」

「我下班後是有去上英文會話跟瑜珈課啦……」

「哇，很棒欸！真厲害。妳是從什麼時候開始去上課的？」

「英文會話才剛開始沒多久，但是瑜珈已經上了3年左右吧！」

「欸－！那應該是上得很開心吧。瑜珈的魅力在哪裡呢？」

「嗯－，有一個叫○○的，那個有趣到～（滔滔不絕）」

✧讓效果更顯著的重點✧

男人不要「只顧著講自己的事」，將焦點放在女人想說的事情，貫徹「聆聽者」的角色。

讓開心的約會還有下一次的方法

約會到最後往往易淪於制式化！

約會，是為了什麼才進行的呢？——真要說起來，約會主要是用於縮短彼此之間的距離，並獲得雙方之間的連結強化所進行的行為。然而，誠如前一小節所提到過的，男方只要在約會時，單方面採取「只顧著說自己的事」的姿態，過不了多久就會令女人覺得厭煩起來。

和這個人在一起也開心不起來——只要讓女人有了這種想法，就算男人向她再次提出邀約，多半也只會被婉言回絕吧！很快地，女人便不會再把這個男人視為對象了。

一旦走到這個地步，就萬事休矣。經過好幾次的約會，逐漸提升雙方的共鳴程度，覺得在一起很快樂——才剛開始有了這種感覺，對於關係更進一步也沒有抗拒，卻無法順利走下去而宣告兩人關係終結，是多麼令人悲傷的一件事啊！

想要讓約會氣氛熱烈且快樂，不只要留意談話方面，還必須要將其視為是一項活動，連帶考慮到它的娛樂性。

如果不這麼做，每次約會都只有沒完沒了的聊天，漸漸地就會淪於制式化。

擁有兩人單獨的談話時間雖然相當重要，但是改將約會作為一種活動去累積兩人共同的體驗，在縮短彼此距離的這件事情上面，有著更顯著的效果。

初次約會的活動，最為重要的是要選擇「主場」而非「客場」！

在刊登約會景點的雜誌或網站上面尋找地點，然後兩人一起前往——這樣的方式也是相當不錯，但是在雙方都處在還沒有深厚關係的階段下，就貿然選擇這種彼此都沒去過的地點，就會是件值得深思熟慮的事。會覺得這種「初次來到的地點」很新鮮的，必須是建立在「關係深厚的伴侶」的前提之下。

也就是說，選擇帶首次邀約成功的女性，一起去第一次去的地方作為約會地點，原本應該站在引導女性位置的男方，反而容易因為對該地點的各種不熟悉而不知所措。

男性不應該選擇會讓自己身為「客場」的場所，作為首次約會的地點。

如果不選擇自己早就熟門熟路的「主場」之地，就有可能因為手忙腳亂而不小心在女性面前暴露自己不中用的模樣。

事先習慣狀況就能成為安心的因素！

對不太有約會經驗的約會入門者來說，最重要的一點就是要讓自己不要太過緊張。

為了不要在第一次的約會就兵敗如山倒，在此，我會推薦大家事先在約會的地點反覆進行「練習」。

舉凡餐廳、居酒屋、酒吧、遊樂園、公園、水族館、電影院、鬧街、展覽館……從這多不勝數的地點裡面所挑選出來的，要和心儀女性去約會的地點，最為重要的一點就是「一定要事先實地勘查過」。

人們在身為「客場」的地方容易感到緊張，但如果是在熟悉的「主場」，其緊張之感就會稍微緩解下來。如果是一個去都沒去過的地方，連廁所在哪裡都不知道。

如果不知道菜單上面有什麼料理，無法向對方做出推薦的話，也就無法說些展現自己所學淵博的話來。所見所聞所感——所有的感官盡是初次體驗，就容易惶惶不安。若是讓對方看到這樣一副不可靠的模樣，對你的印象將大為扣分。

只要事先去過一次，對狀況大致有所掌握，就能夠比較安心。

向自己覺得無關緊要的女性邀約看看！

面對那些對自己來說無關緊要的女性，男性通常都不會感到緊張。

她們被擺在「一般女性」的位置。

我們應該就要向這樣的人提出邀約，進行約會的預先演練。

為正式約會做準備，實地探查大致的地點，就能事先了解所需的時間、應該挑選的話題、整體性價比，以及當下的所見所聞。

也可以藉此知道一般女性，對於該場所的什麼東西會有什麼樣的反應，正式約會的時候就能夠更加地用心下功夫。

網羅一些可以讓人發笑的笑料！

人只要一緊張，不只身體變得僵硬，就連臉部肌肉也會變得緊繃起來，但是只要遇到有趣、愉快的事情，緊張的感覺便能瞬間獲得緩減，露出笑靨。

在事前實地探查中，最好也要順便網羅一些能夠讓人發笑的趣事。

玩笑話、冷笑話或是有趣的景點等等，一路上多做觀察並且將其收集起來。在正式約會的時候，就能起到最佳效果，在對方心中留下「幽默風趣」、「很愉快的人」這類印象。

✧讓效果更顯著的重點✧

事先實地勘察第一次去的約會地點，將其變成「主場」，也事前準備一些有趣的笑料。

不用對憧憬的女性鞠躬盡瘁也能順利交往的方法

為什麼男人會想送「貢品」給女人呢？

男人一旦找到自己心儀的女人，便會一股腦兒地迸發熱情。

那是因為在深層心理（潛意識）裡，被捲進了想要和那位女性上床的願望漩渦之中。

雖說男人的戀愛感情，正是源自性慾本身，但是熱情越是高漲，衝動也就有益發地膨大的趨勢。這一點必須要多加小心留意。

男人的這種慾望原理，在應召行業裡面被擺在了買賣上的重要位置。

男性上班族因為盜領公司的資金，將盜得的錢盡數用來進獻給應召業女性而遭到逮捕——這類的案件偶爾會出現在新聞上面，正是因為男人具有一種傾向，一旦拜倒在某個女性的石榴裙下，止不住的熱情便會一口氣迸發，奮不顧身地朝她忘情奔去。

在酒店裡面，男性職員會將對待男顧客的教戰守則教給酒店女公關。

守則的內容即為「用自己的魅力不斷不斷地蠱惑男人，讓他被妳迷得團團轉」這樣的方針。

撩撥男人的色欲之心，為得到對方無數次的指名坐檯，賴著延長時間、預約額外付費的同伴出勤，不斷不斷地誘惑對方，用這樣的方式作為壓榨對方財物的戰略。

正因為有著這樣的習性，男人對於自己喜歡的女人，往往會在禮物或活動上面花上大筆的金錢，如同是在用錢來誇耀自己究竟「喜歡到什麼程度」。

會將高價名牌商品或寶石送給應召業女性，亦是歸因於此。

對應召業女性來說，反正到最後都是要拿去兌現，其實她們更想要的是現金，但男人是不會這樣做的。「這個也買來送、那個也買來送」——因為其中還包含了一種「越是進貢一些會讓心儀女性更顯美麗耀眼的寶物，越能展現自己對這份戀情的忠貞不二」的心態。

只不過，這種熱情，往往在有過一次肉體上的關係之後，就會急遽地消退下去。

原因在於「令人憧憬的女性」的這種「稀有價值」一口氣剝落，除此之外別無他因。

男人對女人懷抱的熱情多寡，會和貢品的價值高低有所連結！

白色情人節，有的男性會回贈令女性萌生退意的高價禮物，作為情人節收到人情巧克力的回禮，這也是肇因於這種習性使然。

在這個階段，男性陷入了很大的錯覺之中。

因為男性會認為「貴重的禮物＝自己的熱情程度」，然而就是這樣的想法令女性覺得不舒服而引發反感。通常會贈送如此豪奢禮物的傢伙，都是宅男類型的男性居多。

「要是對方變成跟蹤狂就太過可怕了」基於這樣的想法，女性亦隨之心生反感，順帶一提，面對這種狀況的正確應對方法是，女性明確向對方表態「我有男朋友，不能收下這麼貴重的禮物」。

如果送禮的男性是比較吝嗇的類型，或許會說出「還給我！」的話語，但如果對方是比較講求面子的男性，應該會說出「沒關係，妳就收下吧。」這類的話，只要在收下之後儘快兌現成現金就好了。

男人應該要在不多花無謂開銷的前提下，接近對方！

男性必須要事先有所知悉才行。

雖然女性收到奢華禮物，沒有道理不會覺得開心，但她們並不會根據奢華禮物的內容來決定要與哪位男性交往。

以數千萬日圓為單位的現金的話，可能要另當別論，但如果只是數十萬日圓左右的金額，就不會輕易動搖。

剛和女性開始交往的男性，也很容易會將潛意識裡想要上床的願望，轉換形式投射在準備奢華禮物、充滿幹勁地張羅奢侈活動，但在這個階段，最好請先冷靜下來思考。因為這些花費多半都會淪為無謂的開銷。

因為男人想要擄獲女性的心，不一定非得要倚靠金錢。當然，口袋空空的男性就要另當別論，至少還是要有一定程度的經濟能力比較好。

應該要透過零碎的接觸機會，展現自己的「溫柔」形象！

男人多半都會去思索，該如何基於單項豪華主義※挑選禮物來討女人的歡心，然而女人其實比較會去注意男人對自己的微小需求是否有所察覺。

這也就是說，些許的關心或貼心的小舉動，更能夠打動女人的心。因為可以從這類行為中看出，對方有多麼地體貼自己。所以說，將自己對心儀女性的熱情，盡數轉化為這類體貼之舉，將會來得要好上更多。

反正不論是何者，這樣的高度熱情都只會維持到上床為止，男人對女人所付出的金錢，還是要小心為上。

※單項豪華主義：在感興趣的少數特定事物上面不惜花上大把金錢，其餘的事物則是簡單樸素。

✧讓效果更顯著的重點✧

比起以單項豪華主義挑選禮物，更為重要的是展現對女性關心或貼心的小舉動。

根據口頭禪來解讀異性個性的方法

即使有意塵封也還是會不小心脫口而出的難纏口頭禪！

不論是男人還是女人，多多少少都會有無意識脫口而出的「口頭禪」。

即使因為有察覺到自己會說出一些不太好的口頭禪，而有意識地讓自己不要再說出口，然而一旦受到驚嚇、陷入恐慌，或是在情緒激昂之時，還是會不經意地脫口而出。

口頭禪，能夠明顯表現出你自身的一部分個性，是一種極具象徵性的東西。

為此，有時也會因而被人解讀成「其實是這種個性」。

在這裡，讓我們一起針對口頭禪做考察，試著去分析那些話語所蘊含的意思，或是盤根錯節在其語意之下的情感與個性吧！

常語帶「可是」、「雖然」的人，過於愛自己和批評他人！

「簡單來說」……這是一個人們用來將對方所說的話簡單做個整理、簡潔地總結的話語，具有討厭麻煩且吝嗇的一面，性格上容易感到煩躁。會覺得應該要早點做收拾，屬於想將自己和周遭人劃分清楚的類型。但出乎意料之外地，一旦遇到別人強烈堅持主張，便會做出妥協。

「但是」、「雖然」、「那樣的話」……同時也是被稱為是批判對方意見的「三大字詞」。因為對自身的愛過於強烈，自尊也很高，其中也有活在自己世界的類型。

「原來如此」、「確實是」……乍看之下似乎是和對方抱有同感，但其實只是在裝腔作態。他們多半覺得只要用這類話來頷首示意，就能偽裝出息事寧人的和善表象。實際上是屬於相當固執己見的類型，而且頑固又自主性旺盛。能成為值得託付的人。

「忙碌到」、「真忙啊」……屬於希望獲得他人評價的自我意識過剩類型。只要詢問他們忙碌的理由，就能令他們感到開心。不喜歡被他人束縛、干涉，也會在自我防禦的意義上使用這些台詞。有著對於喜歡的事情會放手去做的自由奔放個性。

會說「總而言之」這類口頭禪的人，多為和平主義者！

「好厲害」……明明不是驚訝或讚賞的時候，也會隨意地連聲說出，正是因為其本身愛追逐潮流的性情所致。他們具有「只要咬住這一點，處事應對上面就可以輕鬆過關」的這種粗枝大葉的一面。性情上容易傾注熱情卻也冷得快，對於不斷改變主張這件事也不會有絲毫的猶豫。

「一般來說」、「就常識上來說」……具有希望自己的論調具有普遍性，具有會將想法強加在他人身上的性格。屬於會想巧妙地搶先對手一步的謀略家類型。身懷作為領導者的才能。

「總之」、「暫且就……」……對於自己沒有自信的類型。沒有明確的思考，屬於會將事情粉飾太平並蒙混過關的類型。責任感或使命感等情感對他們來說太過棘手，以至於會想逃避。

「絕對」、「一定」……希望能讓對方相信自己，強烈有著贏得對方信任的願望，輕而易舉地用著這樣的詞語。也有著一遇到緊要關頭會腳底抹油的無責任感性情。

「總而言之」……和會用「總之」、「暫且就」這類詞語的人相似，都是對責任感或使命感敬而遠之的人。一旦遭遇失敗就會想要將失敗搪塞過去的類型，也是不想把事情鬧大的和平主義者。

「我就知道」、「果然」……不會將事情想得太深入的樂天型。做事很難有計畫性，進一步確認或追蹤他們所執行的工作是必不可少的。有見異思遷而易外遇的一面。

「好可愛」……是多數女性容易掛在嘴邊的口頭禪。會接連脫口而出的人，屬於愛撒嬌型。有很強烈的願望，希望別人也能誇讚自己「很可愛」。個性容易感到不安而且害怕孤單。

「順帶一提」……知道很多事情，就連相關資訊也會親切告知，相對地，也有著相當愛講大道理的一面，算是一旦開始高談闊論就不會讓步的人吧！只要被人信賴就會單純開心起來的正直個性。

這意味著只要多方觀察，就能夠看穿個性或感情方面。

✧讓效果更顯著的重點✧

只要詳加觀察，就會發現就連心儀的異性也有口頭禪。可以從這裡開始解讀一個人的個性。

根據小動作或行為舉止來探詢異性真心話的方法

會在臉上吐露出心聲的小動作是？

不經意的小動作或行為舉止，都會顯露出一個人當下的心聲。已經在前面章節提到過，關於如何藉由觀察對方藏在椅子下的腳尖方向或狀態，加以判斷對方當下的心情（52頁），在此則會針對藉由觀察相視而坐的異性的小動作或行為舉止，來解讀對方當下的真心話。

每個人都可以有意識地做出臉部表情。

舉例來說，如果是假裝出來的笑容，即便嘴部看起來是在笑，眼部卻沒有絲毫笑意，眼尾的笑紋應該也很難顯現出來。而且，假裝出來的笑容會令肌肉感到疲乏，嘴巴也會意料之外地早早就閉合起來。

或者，也有的人在假笑的時候，臉部左右會變得不對稱，呈現出相當僵硬的形狀。

真正開心到笑出來的情形下，臉部肌肉普遍來說，大抵都會是左右對稱的。

如同這般，臉部的表情雖然相當微妙，但也確實是很容易佯裝出來。

看是要做出笑容、擺出怒容、裝出認真的面容，我們可以做出各式各樣的臉部表情。為此，就如同故作面無表情的「撲克臉」這個詞一樣，要從臉部表情來探詢一個人的真心話，是很難的一件事。最容易了解一個人的心聲的方法，果然還是52頁所介紹的那樣，透過觀察腳尖的方向或狀態，最為簡便。

透過上半身的小動作或行為舉止來捕捉心聲！

而緊隨在腳尖之後，容易表露一個人心聲的，便是那些來自手腳和軀幹等上半身的姿勢所產生的小動作或行為舉止。就讓我們依序來一探究竟吧！

「用手托著腮幫子」……心懷不滿而無聊時常常會出現的舉動。在他人眼中看來會顯得傲慢的小動作。

「用手觸摸耳朵」……感到困擾的時候、對話題不甚感興趣時出現，代表心中想著別件事的小動作。

「用手指碰觸眉間」……想要靜下心來好好思考時會出現的很慎重的小動作。

「用手扶著額頭」……備感困擾或覺得搞砸了──這種感到後悔的時候會出現的小動作。

「用手碰觸嘴唇」……「自我親密行為」之中，吸奶嘴的縮影。讓自己安心下來的小動作。

「下巴頻往上抬」……令自己自信回復，欲顯示自己比對方優越之時的小動作。

「用舌頭舔嘴唇」……湧現出興趣、關心之情，慾望覺醒時的小動作。

從態度上面了解對方的心理狀態！

緊接著，包含小動作或行為舉止一起，也一起來看看態度吧！

「雙手放在桌上，手指交疊在一起，做出一個圍起來的形狀」……對你的警戒之心很強，很典型的自我防禦姿勢。處在一個很難說服對方的狀態。

「雙手環胸」……可視為是對你有所批判，或是感到無聊乏味時的態度。用這個如同要保護自己的「自我親密行為」來作為撫慰自己的動作。

「偶爾單手轉筆」……對聊天的話題不感興趣，有相當大的可能對其他事情感興趣。對其說話也是心不在焉的狀態。

「手肘放在桌上身體微微前傾的姿勢」……因為對你說的話很感興趣或有高度關心，身體自然而然地呈現出向前躬身的姿態。處於一個很容易接受你的要求的狀態。

「微微地歪著頭」……很有可能對談話內容抱有疑問，或是無聊到進入短暫休息。轉換別的話題，或是儘早結束談話為上上之策。

「身體微微前傾的姿勢下用手撐著額頭」……對你抱有反感或厭惡之感的可能性相當大，處在一種很難再有進一步發展的狀況。

「偶爾望向這邊，輕輕地點點頭」……帶有好意的態度，有相當大的機率十分認同你所說的話。此時，試著每次都獲得更好的回應吧！
「微笑的表情沒有消失過」……懷抱好意而積極地。表明自己跟你站在同個陣營。

也請一起關注「視線」落向何處！

此外，關於視線的動向也有幾個有趣的見解。

對於我們這邊有興趣或有所關心的人，普遍上來說，視線會直勾勾地望過來，或是按照上下的方向垂直游移。當對方對我們這邊不感興趣或漠不關心的話，視線只會向下飄移或是變得較常橫向游移。「視線飄忽不定」這個慣用說法，便是用來描述一個人心不在焉的樣子。

即便是在不喜歡的場合之下，也不想要向我們這邊投射過多視線的這種潛意識，會促使人們做出這樣的視線動向。眨眼睛的動作也會變多，應可從中窺探得知其緊張之感。

✧讓效果更顯著的重點✧

若忘情於聊天之中，便很容易錯過對方的小動作或行為舉止透露出的重要意涵。請仔細觀察。

贏得上床OK訊號的方法

男人和女人的動機有何不同之處？

男人在和女人約會的時候，對於戀愛的熱情會上升個沒完沒了。

誠如前述所說過的，那是因為男人的潛意識裡認知到了上床這件事，除此之外別無他因。

剛開始交往的男人，他們的腦海裡滿滿都是「要怎麼做才能和這個女人上床？」的想法。為此而感到興奮，也因而變得有點緊張

但是，女人這邊，就不會變成那個樣子。

她們只會一個勁兒地去觀察——「這個男人對自己有多麼重視？有沒有貼心地對待自己？」這是因為女人總會希望自己能被人捧在手心上仔細呵護。

男人與女人因為並不討厭彼此，所以才會去關心對方，進而發展到約會。然而，對剛開始步入交往階段的男人和女人來說，男人會受到「慾望」所驅使，女人則是會被「浪漫」所役使，而我們必須要經常顧及彼此之間的差異。

女人只要從男人的行為舉止上面，窺見到男人因「性慾」刺激而衝動起來的現實，便會覺得厭倦反感。因為那會讓她們覺得自己或許被當成了「發洩性慾的道具」，因而對男人產生了不信任的感覺。性慾飢渴、只是想要得到自己的身體、下流而猥瑣——一旦這樣想，就會覺得自己彷彿受到了侮辱。男人會經由視覺感受到情慾，女人則是會從強壯溫柔的男人風範上面漸漸感受到情慾。

為了不要在女人心中留下輕率的印象，男人應該要避免做出對著女人的身體緊盯不放或舔嘴唇等行為，像這樣小心不要讓女人看穿自己別有用心是十分重要的。

因為女人對於來自男人的這種不懷好意的目光，有著相當敏感的感受。

縮短和女人之間的身體接觸距離，使其對你免疫！

男人在約會的時候，要先去觀察女人自然而然的反應。

比方說，並肩走路時，若無其事地用自己的手背去試探性地碰觸女人的手背。此時，如果她慌張失措地把手縮回，這就表示她尚未習慣跟你有實際上的身體接觸。尚未對肌膚之間的碰觸有所免疫。

為了要消除這樣敏銳的反應，我們有必要在「讓對方習慣若無其事的碰觸」這件事上面下工夫。

舉例來說，當兩個人肩並肩走在路上的時候，如果女人走在靠近車子的外側，請若無其事地碰觸她的肩膀或背部，順勢將她帶向人行道的內側。看極為自然地是為了顧慮她的安全，與此同時又能輕輕地觸碰到她的身體。

其他方面，像是在餐廳的出入口，也可以在奉行女士優先的宗旨下，將手輕輕地貼在女人的背上，引導她先行走過去。要用這樣極為自然的方式，漸漸地讓女人在你碰觸到她的身體的時候，也不會陷入驚慌。

只要這麼做，雙方內心的距離，就能在短時間之內拉近許多。

ＯＫ訊號會在這種情況下出現！

當一個女人對男人放下警戒心，包含上床也開始進入她的容許範圍之內時，會向該名男人釋放出一些如下所示的「ＯＫ訊號」。

- ✔向男人做出的肢體接觸變多。
- ✔和男人牽手變得毫不介意。
- ✔可以觸摸彼此的手進行比較手相之類的事情。
- ✔能夠向男人傾訴自己的煩惱。
- ✔會說一些有關親戚或親屬的事情。
- ✔對於共享飲食的間接接吻不再抗拒。
- ✔告知跟自己有關的秘密。

✔訊息回得很快。
✔打電話都會東扯西聊地聊很久。
✔會向男人展現脆弱的一面。
✔會輕鬆無拘束地邀約吃飯。
✔會向男人撒嬌。
✔時常會提及，跟彼此喜歡的事物、興趣有關的話題。

如果出現了這樣子的「OK訊號」，男人就可以向女人邀約上床。

只不過，直截了當地說出像是「我們去睡飯店吧！」的話，或是在喝醉酒的醉意之下直接半推半就，都是很不解風情的作為。

這是因為相較於男人「首重性慾」，女人則是「首重浪漫」。

認真說起來，提到「飯店」這個字，本來就很容易致使女性清醒過來。

一旦女人認為邀約的最大的目的是上床，她們就會想要回絕。

女人內心都抱持著不想要賤賣自己的想法，所以必須要手段高明地邀約才行。

✧讓效果更顯著的重點✧

為了要從女人那裡贏得「OK訊號」，下足苦功和仔細做觀察是男人必不可欠的付出。

初次約會就接吻接到飯店去的方法

首次約會的收尾非常重要！

第一次約會快要結束的時候，在幽暗夜路的一個角落，和女人接吻，然後直接到飯店去——有過這種經驗的男人應該不在少數吧！

這樣的結果顯示約會後期的收尾做得非常得好，然而到底是什麼樣的事態發展才能帶來這樣的甜美結局呢？

下面這個對話例子，應該可以作為一個參考吧！

「我不想要就這樣分開。我想要跟妳去能夠兩人獨處的地方。」

「欸？你說的，莫非是去飯店嗎？」

「嗯，對啊。」

「哎，不行啦！我們才剛認識沒多久……」

「有什麼關係。雖然才剛認識沒多久，我真的很喜歡妳。」

「哎……可是，那樣有點……」

「拜託啦。好嘛？答應我這個請求，我真的，真的很愛妳。」

「嗯—，果然還是……那個……」

「這樣啊，我好失落喔……。好吧。那，接吻就好。接吻就還可以吧？」

「欸？接吻……？嗯……。這……，那，就只是接吻的話……」

「我真的好喜歡妳喔！謝謝妳！（開始接吻）」

這個男人，在這裡贏得了接吻的機會，但要是能夠走到這一步，接下來的後續就是各憑本事了。將法式舌吻的時間拉長，擁抱女生的身體令其情緒高漲起來，或許還有再次交涉的機會。

可以「接吻」也就能夠「上床」的心態是？

只要男人在女人的耳邊輕聲耍賴說些「拜託嘛。我沒辦法這樣和妳分開。我已經沒辦法忍耐了。」的話語，女人也有可能會就此做出妥協。

之前已經提到過，人們有著「承諾一致原則」的慣性習慣。

一旦答應了「微小的請託」，接下來「稍微大一點的請託」就比較容易接受的心理。亦即80頁所介紹的「得寸進尺法」。

或許男性族群裡有不少人有過這些經驗，然而「只要可以親到手，上床也就不會太遠了」這種陳腐的法則之所以能夠見效，便是歸咎於此。

這樣看來，倒不如說確實上床得手的步驟中最為重要的，就在走到「接吻」的過程裡——這麼說也不為過吧！

被拒絕之後表現出一副難過的樣子，立即妥協並提出讓步提議！

邀請女人到飯店裡——前面所舉出的對話例子中，一開始就先故意將想要去飯店的這個「過大的請託」提出來，讓女人回絕自己。

實際上，「過大的請託」本來就是在被拒絕也沒關係的前提下給出的「假議題」罷了。

故意拋出一個會吃閉門羹的「過大的請託」，被女人拒絕之後再表現出難過的模樣是重點之一。

讓女人拒絕要求，然後再將「小小的罪惡感」植入她的心中。

吃了閉門羹的男人覺得失望，然後立刻改為提出「接吻就還可以吧？」這個「微小的請託」。這也就是說，男人做出了讓步。

女人因為男人做出了讓步，於是在心中也萌生出了一種自己這次不得不讓步的**「互惠規範（Norm of Reciprocity）」**作祟心理。

那樣一來，「就只是接吻」這種「微小的請託」就顯得比較容易接受。

這和「得寸進尺法」相反，採用的是一開始先提出**「過大的請託」**，接著再改提出「微小的請託」作為替代，這樣的方法被稱為**「以退為進法（Door-in-the-face technique）」**。

「以退為進法」和「得寸進尺法」的交互作用版！

原本「微小的請託」就是我們最想要提出的要求。為了要達成這個目的，虛假地捏造出了「過大的請託」。然而，如同先前的對話例子那樣，當「微小的請託」被對方所接受，之後「較大的請託」也就有可能在得寸進尺法的交互作用下順利過關。

✧讓效果更顯著的重點✧

有效地運用心理技巧，就有可能走最短的路線和女人共度春宵。

利用閾下刺激刺激異性性欲的方法

不可以輕視潛意識的力量！

所謂的閾下刺激※（Subliminal stimuli），便是指由外部所帶來的影響直接深及到「潛意識的領域」。

誠如所知，人的腦中區分有「有意識」領域和「無意識」領域。

而這種無意識層級的部分，普遍被稱之為「潛意識」。

用個比較簡單的說法來說，當我們說「總覺得喜歡那個人」或是「總覺得討厭那個人」的時候，這裡的「總覺得」正是象徵著「潛意識」作用。

有時我們不知為何總難以用意識之上的理由解釋清楚，但我們的五感就是會自然而然地告訴我們「喜歡、討厭」。

由於這種潛意識的力量實在太強烈，即便有意識地試著去喜歡一個自己討厭的人，生理上也很難做到——往往會迎來這種局面。因為潛意識就是我們的「本能」。

然而，人們可以透過催眠等方法，暫時將意識的力量削減，直接對潛意識做出直接的作用，使其相信原本討厭吃的東西是自己最愛吃的食物，進而將其吃下肚。

因此，只要能夠直接對一個人的潛意識造成影響，就有可能使其喜歡上原本討厭的人，或是喜歡上一個毫無關係的人——諸如此類的事情也就都能自由地辦到。

在這裡，一起來了解如何運用閾下刺激來操縱異性的心吧！

何謂鏡像效應？

在規模較為大一點的咖啡廳內，只要觀察相對而坐的每對男女的行為舉止，就能辨別出來哪一對是「已經在交往」、哪一對是「還沒交往」。而判斷的基準就在於，感情越好的一對男女，男人和女人的小動作或行為舉止越會如同鏡像動作一般。

男人拿起水杯喝水，坐在他對面的女人就會將手伸向咖啡杯，然後啜飲——這樣的狀況，就像是在行為舉止上模仿對方的動作。而這就被稱之為鏡像效應（mirror effect）。

當我們對眼前的人懷抱好感，我們就會下意識地去迎合那個人的舉動。這個不可思議的現象，據推測是由於人們的潛意識和對方起了共鳴，所以就自然而然地出現了這樣的舉動。而這些行為舉止，即便在潛意識裡面，也是屬於覺得「愉快」的狀態。當然，相同的狀況也會發生在感情很好的夫妻身上。

將這個鏡像效應套用在約會的對象上面，應該也會蠻有趣的吧！

當然，絕對不能被對方發現自己「正在模仿他的一舉一動」。

這是因為一旦不小心被對方意識到這一點的話，效果就會有所影響，特意向對方潛意識傳遞的「閾下訊息好感」也就難以順利傳達到了。

若對方啜飲了咖啡，自己也要慢上一拍喝口飲料，若對方用手摸了摸頭，自己也要若無其事地用手碰碰臉部之類的部位。從頭到尾，都要用自然的方式進行。

如果沒有必要即時重複，也就不需講求動作的正確性，不必非得要如同看鏡子一樣，無須看對方用右手，自己就非得用左手。

只要可以大略地迎合對方的小動作或行為舉止就行了。

這樣一來，在不知不覺之間，就能在對方的潛意識裡，植入一個把你視為是「跟自己很合得來、有共鳴的夥伴」的印象。

在餐飲店內，就從和對方點相同的餐點開始也有不錯的效果。

第一次約會的時候，只要試著這麼做，就能很不可思議地以相當快的速度，拉近自己和對方之間的距離。

接下來沒過多久，對方在行為舉止上面也自然地會變得與你有所連動，是個相當推薦大家務必一試的方法。

利用語彙，令「潛意識」振奮起來！

另一個閾下刺激的方法，便是在不被察覺的狀態下，使用接近「帶有性暗示含意」的語彙，讓對方心情愉快起來。

這也就是刺激存在於對方潛意識裡的性體驗，使其聯想到「性慾」並喚醒這個慾望的手段。

男人面對女人時，可以說些類似這樣的話：「那個好像很舒服呢！」、「超有快感的！」、「妳的眼睛，看起水亮濕潤得很有魅力。」、「這家店安靜得很有味道呢！」、「這桌子濕濕的，妳要小心一點。」、「妳的皮膚真是水潤。」、「被雨水淋得濕透了！」

女人面對男人時，可以說些類似這樣的話：「要牛奶嗎？」、「你很想做那個嗎？」、「那個真的很走運，簡直停不下來。」、「你包包裡面放了什麼？」、「很棒的收納物吧！」

※閾下刺激：閾，音同「域」。「閾下知覺」為意識層次之下的知覺反應。在不為人們所察覺的狀態之下進行資訊灌輸，稱「閾下刺激」。

✧讓效果更顯著的重點✧

只要能在不被對方察覺的狀態下操控對方的潛意識，就能隨心所欲。

將女性順利引導向初次性愛的方法

女人有著不願「賤賣」自己的強烈心理！

對男人來說，是否正在和一個女人交往的認知基準，一語以蔽之，便是兩人之間是否有「肉體上的關係」。因為男人是「首重性慾」的。

然而，女人卻是「首重浪漫」。

相較於從剛交往開始，就懷抱著高度熱情的男人，女人反而沒有那麼地滿腔熱情。女人的熱情是慢慢地高漲起來。

她們對於是否擁有性愛，也並不那麼樣地感興趣。

男人會假借著酒過三巡之後的醉意，突然提出「來做愛吧！」的邀約，但如果這是在第一次發生關係的情況下，就會令女人覺得「被人態度輕浮地約上床」——有的女人會因為這種觀感而變得不愉快。

被當作是隨隨便便的女人了——只要她們有了這種感受，自尊也會因而受到傷害。

女人會覺得，如果男人是真心愛著自己，那麼他就會將自己捧在手心上呵護。

希望男人可以帶自己體驗，粉紅泡泡一般夢幻的愜意氛圍，但令人掃興的是，對方卻說出「想和妳來一次」、「想要去睡飯店」這類沒品的話語，隨隨便便就提出邀約。

只是想要我的身體，把我當成免費的床伴，搞不好哪天就會被甩了——這樣的顧慮也會油然而生。女人強烈地有著這種想法：無論如何都想要避免被當成隨便的女人。

由此看來，即便男人出於狩獵本能，而有著想要一口氣將獵物擒到手的慾望，也應該都要事先了解到「心急吃不了熱豆腐」這一點。如果被討厭，好不容易走到這一步的局面，也就完全功虧一簣了。

女人會希望在覺得自己和對方有共鳴的時候，被人提出性愛邀約。

要是沒有「自然而然的過程」就很難乘勢邀約！

雖然前面已提過這部分，只要能夠讓女人和男人產生共鳴，她們就會從各個方向給出可以發生關係的「ＯＫ訊號」。從這裡開始著手，是最為流暢的。

只不過，就算女人已經給出「ＯＫ訊號」，也應該要避免使用不解風情的邀約方式。

男人有必要給予女人一種「自然而然變成那樣」的這種表面偽裝和時機掌握。

上演一齣帶往「發生關係」方向的「自然發生」戲碼！

那麼，所謂的「自然發生」又會是什麼樣的過程發展呢？讓我們來看看下面這幾個情境吧！

把對方約到自己家……以「想要一起感受這份感動」為名的情境
「我借了○○這部電影的DVD，來我家一邊喝啤酒一邊看電影吧！這部電影我一直都很想看，我很想要和妳一起分享這份感動！」

一起去兜風……處在想要暢快飲酒的情境
「看到這麼漂亮的風景，有點想要配個美酒啊！但喝了酒之後，就不能開車了，今天就在這邊住上一晚吧？這樣的美景，令人明天中午前還想再看上一眼呢！」

一起喝到早上……纏著女方徹夜飲酒不要坐末班車回家
「本來是因為想要一直跟妳在一起，所以才想說一起喝到早上，可是喝醉之後總覺得有點累了。想到明天也有點替妳擔心，接下來要不要去哪裡稍微小睡一下？」

沒有留意末班車……「不小心讓末班車溜走了！」的情境
「咦？糟糕！這時間已經沒有末班車了！跟妳在一起我都會忘記時間的流逝。真是傷腦筋，只能看看可以去哪裡住上一晚。」

看起來像是特意為之的情境，但是這正是要認真下足工夫的地方。因為那樣一來也會令女人覺得「真拿你沒辦法」。

除此之外，在放假日白天，找機會去女方的房間參觀，也是很不錯的發展。

只要可以在「自然發生」的條件下，製造出可以兩人獨處的情境，什麼樣的狀況都是可以被允許的。

✧讓效果更顯著的重點✧

重點在於，就算事情再怎麼像是特意為之的狀況，也要裝出一副是「自然發生」的樣子。

掌握情侶之間的主導權
持續保有本身魅力的方法

重點在於不要讓「最小關心原則」發揮作用！

「拜託，請妳和我交往！請答應我的請求！」

「我超喜歡你的，拜託請和我交往！」

有的情侶誕生於像這樣子的單方面懇求，進而開始交往。

只不過，這種基於男女其中一方愛上另一個人所開始的交往關係，往往伴隨其中一方的「為愛迷失自我」，致使情感的發展始終都令人不好受。這樣的例子也不在少數。

這是起因於雙方之間的關係並不是「平等」的。

在心理學上，這個現象被稱之為※**「最小關心原則（The principle of least interest）」**。

愛得較多的一方，越是向對方奉獻出自己的滿腔熱情，對方就越是會逐漸傲慢起來，並且只想對這段關係抱持「最小程度的關心」，以繼續保有主導權。

一旦單方面地向對方抱有「最大程度的關心」，就只會迎來對方單單回以「最小程度的關心」的悲哀結局。關於這件事，我們也可以這麼說：「只抱持最小關心的一方」，對「保持最大關心的一方」有著支配上的關係。

連人氣偶像也會陷入的傲慢心理是？

在演藝圈裡面剛出道，很快就竄紅成為人氣偶像，一旦開始受到粉絲熱情討論，忽地，偶像的心中就會覺得「真是一群令人厭煩的粉絲」。這兩者之間是差不多的。於是，如此矜功恃寵的偶像，遲早會在未能確立專業偶像心態的狀態下失去人氣，身旁工作人員的好感也會被消磨殆盡吧！即便後來懷念起來，後悔「那個時候，自己太過傲慢了！」也已經太遲了。

這樣的傲慢心理，不論是在誰的內心之中都會增長，陷入這樣的心理狀態一點也不罕見。然而，另一方面來說，那些在一段關係之中有某一方「愛到迷失自我」的情侶，最好要儘快讓彼此變得「對等」起來。

先讓腦袋冷靜下來，試著令對方察覺你其實也是一個很受歡迎的人！

如果你想和你極為喜歡的異性，長遠地交往下去，首先你就必須要先讓自己的大腦冷靜下來，並且還要試著將那股傾慕之情降低幾分。

為此，你可以去做個近未來揣摩，想像對方十到十五年後的模樣。

再怎麼美麗動人的女人，總是會年華老去；再怎麼帥氣逼人的男人，也總是會盛年不再。

只要在網路上回顧一下知名藝人年輕時的照片，就會覺得他們能夠那般欣喜雀躍也就僅止於當下，湧現出這種接近「短暫印象」的感受。

而且不單單只是容貌。一個人的知性與人格這種內在也會發生變化。

這也就是說，對於被對方迷得暈頭轉向的你而言，最重要的就是喚醒自己對「僅止於當下」的認知，和對方取得一定距離，讓自己恢復冷靜。

此外，為了不要讓對方太過於得意忘形，你還必須要讓對方實際感受到你其實也「很受歡迎」。

當然，就算實際上並不是那麼地受異性歡迎，只要在對方面前上演一齣「很受歡迎」的戲碼就可以了。

可以多拍一些和異性朋友在一起並且看起來很開心的照片，發表在社群網站上面。

諸如此類的文章記事，可以在平時就先多讓另一半看到。

然後，找機會秀出異性的照片，說些類似「這個人、還有這個人，以前都曾經跟我告白過呢！」的話來向另一半賣弄炫耀。當然，就算是吹牛也沒關係。

只要能夠讓對方萌生「欸？意外地很受歡迎啊！」這樣的想法就足夠了。

讓對方產生競爭意識或是忌妒心！

而更加有效果的方法則是，去稱讚心愛另一半的同性友人們。

「這個人很棒欸！」、「這個人真漂亮！」——這樣的言論聽到耳裡，對方的競爭意識理所當然會被激發出來，不過這也會讓對方覺得你「是不是有點心猿意馬」。

你不會過於執著在他身上，有可能會提出分手——藉此讓他感受到了這件事。

透過執行這些事情，與對方之間的關係，沒過多久就能逐漸變得平等起來。

也可以讓對方注意到你還有其他關係親密的異性朋友，進而使其心中的忌妒之心萌芽。

如此這般，用跟截至目前為止大相逕庭的態度來令對方對自己著迷，將其任意擺布。

※最小關心原則：又稱「最小利益原則」。在一段關係的維繫之中，對該段關係抱持最低程度的關心（或獲得的利益最少）者，相對於想要維繫該段關係者，擁有較高的主導權。

✧讓效果更顯著的重點✧

活用社群網站，就連「偽裝的現實」印象也能自由地擴大營造出來。

不讓相處淪為例行公事長久交往下去的方法

當男人對戀愛的熱情消退會帶來什麼影響？

交往中的男人有很多都是屬於「把魚釣到手就不再給餌」類型的人。因為男人在剛開始交往時，對於戀愛的熱情會持續高漲，但是一旦如願和女人發生過關係之後，那股熱情便會急遽地消退下去。

由於「男人大腦」以達成目的為取向，所以當他們成功和喜歡的女人發生關係，他們的狩獵本能就暫時得到滿足。

即便是在一開始還算新鮮的性愛，多次下來也會逐漸變得像是例行公事。性愛的場所，也會由最剛開始的一流飯店，逐漸層級往下降成較別致的精品飯店、郊區賓館、自家臥床上。

約會的地點，也會從有全套高級法式料理的餐廳，變成在廉價居酒屋或拉麵店之間交替。但若一直都是去廉價居酒屋的話，女方也會變得退縮起來。

年輕男人或許可能是由於財力不夠才這樣，但若都是都採這樣的形式，約會也就會趨於制式化。

原本立刻就會傳來回覆的訊息，也會變成一天只有一到兩次立即有回音。

如此發展下去，大部分的戀情便會就此迎來關係破滅的開端。

而女人這邊，則是會覺得男人的心似乎冷掉了。

此時，別的男人在她們眼中便會看起來比男朋友來要來得有魅力，只要被哪個男人有心接近，便會不小心為之傾心。

彼此之間「怦然心動」感覺消失不復見、因為一些雞毛蒜皮的小事就吵了起來，演變到面臨分手的局面。

而年輕情侶爭吵的原因，諸如雙方意見相左、個性不合，或是對性愛感到厭倦等——雖然原因包羅萬象，但是背後存在經濟困難，似乎也是近來較大的爭吵原因。

「例行公事化」的產生，肇因於反覆進行相同的事情！

反覆重複著相同的事情，就會淪為一種例行公事。

如果不是相當令人開心的事情，便會感受不到刺激感，終至厭倦起來。

可是，沉迷於賭博的人，為什麼他們怎麼賭都不會膩呢？

明明是反覆地重複相同的事情，究竟有什麼樂趣，令人即便大把大把地賭輸，卻還是無法放棄賭博？

只要有「變動比率」就會令人上癮！

那是因為，他們透過賭博這個行為所能獲得的報酬，是依「變動機率」而定。這其中便隱含了一個，能夠讓一段戀情不制式化地長久經營下去的秘密。

每個月的薪水是「固定比率」，而獎金則是有著與業績有所連動的「部分變動比率」。而根據優異業績表現才給予的績效獎金則是偶爾才有，這便是一種「變動比率」。賭博正是因為有時候會中「大獎」，所以才讓人欲罷不能。這在心理學裡，被稱之為**「變動比率增強（Variable ratio of reinforcement）」**現象。因為如此，才會有那麼多的人沉迷於賭博之中無法自拔。

約會和上床都應該要置入「變動比率」！

那麼，想要長久交往下去並且不讓相處淪為例行公事的情侶，應該要怎麼做才好呢？關於這部分，只要雙方都採取如下所示的「變化＝變動比率」行為改變就可以了。

每次都會去同一家廉價居酒屋吃飯的情侶，偶爾可以改去時尚的義大利餐廳或南洋風情餐飲店裡品嚐奢侈一點的餐點，手作料理或便當等也可以試著挑戰不同菜色。

每次都會穿著相同風格服飾的男人或女人，不妨偶爾穿上大膽地改變形象的服裝登場。去海邊玩，各自穿上泳裝的模樣對彼此來說也是相當有新鮮感的。

每次都被男方請客的女人，偶爾也可以說出「這個我來付」。

每次都在自家發生的親密行為，偶爾也可以換換口味，改在屋外或車子裡面，或是有高風險可能會被別人看到的場所進行。在卡拉OK的小包廂裡調情也算是一種變化。

每次都照著老套劇本按表操課的男人與女人，偶爾也可以改玩一些癡漢、SM、變態劇情的角色扮演，在內衣或角色扮演的服裝上面也應該要試著努力地更加用心一點。

除此之外，像是改變約會的見面地點、傳發訊息上的改變等，可以做出變化的地方多不勝數。

✧讓效果更顯著的重點✧

老是重複著相同的事情，是令情侶之間的相處變得像例行公事的最大原因。

讓交往中的你加倍散發吸引力的方法

一旦「完全」瞭如指掌，不知為何便會立刻厭倦！

有的女人會因為男朋友對自己低語「我想要知道關於妳的一切」，於是就什麼事都對他一吐為快，但這樣的做法其實是大錯特錯。這對男人來說也是一樣的。

不論是男人還是女人，都不能因為對方是自己的男女朋友就將關於自己的一切坦誠相告。因為一旦雙方都對彼此的一切知道得一清二楚，就會開始厭倦對方。這跟前面介紹過的例子是相同的，太過於了解對方也會加速一段關係趨於制式化。

正是因為一個人藏有秘密，才會更添吸引力。

一點一點地透漏出不為對方所知的事情，更能夠引起對方的興趣和關心。

做自我介紹的時候，若是說得太多，就沒人會感興趣。

反倒是帶有一點神秘色彩的人，更能夠散發出吸引力。

「神秘色彩」＝「有著什麼秘密的人」！

比如說，履歷表是一種會在寫了出生年月日、學歷和工作經歷的文書資料上面，貼上個人大頭照的東西。這裡只有最小限度的必要情報。

此外，上面還會填寫上證照資格、職業技能和求職動機等資料，但其實這些都不是那麼地重要。

絕大多數人都會覺得寫在履歷表上面的學歷、工作經歷、證照資格與職業技能，是最為重要的一部分，但其實履歷表上面最為重要的，是求職者本人的照片。

求職者的照片受到多的矚目，接著再與學歷、經歷、證照資格與職業技能等，產生重疊在一起，建構出對這個人的初步印象。俊男或美女在求職上，當然是更為有利的。鄰近的韓國之所以會變成整型大國，便是就業求職過於競爭激烈的結果。

雖然履歷表上不容許模稜兩可的表述，但若是裡面寫著引發謎樣興趣的敘述，書面審核階段就會過關。於是，可以進入面試階段的人，除了俊男美女、有著高學歷或有過一流工作經歷的人之外，還會再加上神秘人士。

所謂的神秘色彩，意思就是——不可思議、難以解釋、難解謎團。「對這個人產生興趣，想要見見這個人」之所以會產生這樣的想法，便是因為感受到那個人身上的謎樣魅力。

「神秘色彩」＝「有著什麼秘密的人」——正因為會令人這麼想，所以才更顯吸引力。

當過去行善的「英勇事蹟」顯露出來……

比方說，在剛交往的階段，就將自己的特殊技能或是擅長的事情，作為自己的賣點之一，告知交往對象。

那樣或許有助於改善自己的形象吧！

然而某些時候，在意外的偶然下得知，自己從未料想過的對方的另一面，就會從對方身上感受到相當大的吸引力。

舉例來說，當女人造訪男人的房間，看到一張男朋友就讀高中時期的照片，而照片裡的他微笑著手拿表揚獎狀和警察署長站在一起。

當女人開口問及「這是什麼？」的時候，男人若做出「那個啊。我在老家的鬧區騎腳踏車，有個遇到搶劫的老奶奶向我求助，我就騎腳踏車去追，撲倒那個搶劫犯然後逮住他。這個就是那時候拿到的表揚。」這樣回答的話，女方會做何反應呢？

「好厲害——喔！你真是有勇氣欸！」應該會像這樣出言稱讚。

這是因為，她心裡面會覺得，自己看到了眼前這個男人隱藏起來的強悍精神。

相當謎樣的思緒漸漸擴大。

女人應該會從中感受到一股新的偌大吸引力。

當對方接觸到自己隱藏起來的才能或能力……

或者是說，情侶倆在約會的時候，遇到外國人來問路，正當男人陷入驚慌失措之際，卻見女人說出一口流利的英文，男人想必也會驚訝不已吧。

當男人開口問說「妳英文說得這麼好喔？」的時候，女人只要若無其事地回答「嗯！我大學是英文會話社的。」就能讓他覺得「真厲害！」。

面對一個有著自己所沒有的才能的人，男人的內心應該體驗到了一種深不可測的難解心情。而且對方本身對該件事還沒有任何特別的想法，這一點對他來說應該也是相當具有衝擊性的。這樣的話，一起出國玩也就可以放心了——就像這樣，對方的魅力便在他心中漸漸地擴大起來。這些都是正面方向的神秘色彩，不過就算是負面方向的神秘色彩，也往往能襯托出一個人的吸引力。

比方來說，即便是小時候曾經歷過的貧困經驗，也能釋放出令對方心動的神祕吸引力。

✧讓效果更顯著的重點✧

一旦從對方的經驗上面感受到神秘感，人往往就會越來越被其吸引。

擺脫床伴的角色 重新坐回正宮女友位置的方法

即便自覺被當成性伴侶，開口逼問也只會帶來反效果！

一旦成為情侶，男人就會對女人漫不經心起來。

這是因為他們對戀愛的熱度消退，並且出於已是「自己的女人」的想法而放心。男人有不少都是「把魚釣到手就不再給餌類型」的人。

當女人擺出一副希望對方更誠懇一點的姿態，不留一點喘息空間地連發訊息、催促對方回訊，或是逼問「你昨天都在幹嘛？」、「是和那些人去喝酒聚會？」等問題。然而，如果妳這麼做，只會確確實實地令男人對身為女人的妳產生不耐煩的感覺。

因為一旦被女人管東管西，男人就會覺得「厭煩」。

而我們只要反過來令男人變得想要去束縛女人就會恰到好處。

一個只被男人索要性愛關係的女人，多半都是會越來越想要去約束男人的吧！因為她們會懷抱「自己只不過是個「床伴」（性伴侶）而已嗎？」的疑問並為此感到不安。於是便不由自主地用一些令人厭煩的忌諱話語去逼問男人，進而演變成如下的問與答。

「欸，你是怎麼看待我的？」↓「沒別的……就把妳當女朋友看啊！」

「欸，你有打算要和我結婚嗎？」↓「現在就想到那邊去，未免也太早了吧！」

如果會說些像這樣的對話，那麼分手也只是遲早的事情吧！因為男人原本就已經對身為女人的妳降低了熱情，自然也就會變得難以忍受這樣的場面話應對。

男人一旦被女人窮追不捨，就會從女人身旁落荒而逃！

面對這些狀況時，男人應該都會做出雙唇緊抿成一條線的表情。

這樣的神情，便是當男人面臨不對盤的話題時，為了讓自己不多嘴說出不必要的話而緊張的表情。

女人如果想要擺脫被視為床伴的狀況，就絕對不能對男人窮追不捨。

因為男人早已想要一溜煙地逃得遠遠的。

為了要從床伴的身分重新回到正宮女友的位置，首要之務就是給予男人「安心感」。

未婚男性對實際現實缺乏認知！

未婚男性一般說來，在精神層面上都是比較幼稚的。因為他們對於「結為夫妻、組建家庭」這些事情並未抱有具體的想法。想當然，他們也缺乏了對於「單憑自身的經濟能力，和妻子一起守護栽培子女」的這種現實生活的自信和真實感。從公司已婚前輩那裡聽說他「生活在『零用錢制度』下，每天都要想辦法將花費控制在八百日圓內」，對於究竟該如何才能維持家計就更加地難以想像。這麼困難的事情，現在不想要去思考啊——於是便會想要這樣先將問題拋到腦後。

現在薪水愛怎麼用就怎麼用，輕鬆得緊，況且人生又不是只有結婚而已嘛！——他們也會這麼想。於是這樣一來，不結婚的男人便逐漸增多了起來。而女人只要有了不錯的經濟能力，就會想要去追求錢賺得比自己多的男人，似乎反倒因此把緣分推得更遠。

有一份年屆五十歲未婚男女的「生涯未婚率」調查資料指出，在1950年時，男女一樣有1.5%左右未婚，然而2015年卻大幅增加，男性未婚率來到了23.4%，女性未婚率則是爬升到了14.1%。每四個男人裡面有一個人終身未娶，每七個女人裡面有一個人終身未嫁。

這意味著，在少子化與高齡化之下，人口遞減的社會正在不斷地形成。

懇請大家務必要擺脫被視為床伴的狀態，順利結婚並且建立起一個洋溢孩童歡笑的幸福家庭。

幫忙未婚男性做「生涯規劃」！

身為一個被男人視為床伴的女人，若是沒頭沒腦地就提到結婚這件事，便形同是一種逼迫，最好不要這麼做。只不過，如果面對的是幼稚的未婚男人，請不妨協助他進行「生涯規劃」吧！

有這麼一種基於「等價可處分所得」做出的看法。若男方可處分所得為350萬日圓，女方可處分所得為250萬日圓，則兩人的可處分所得合計為600萬日圓。若雙方共組兩人家庭，就可將這個金額除以根號2，得出424萬日圓。該金額就是等價[※]可處分所得，比單純除以2所得出的每位家庭成員300萬日圓還要多上許多的金額。這也就是表示，以平均每人424萬日圓的生活水準來說，雙方一起共同生活遠比雙方各自單身生活還要來得富裕許多。

男人的大腦因為喜歡有憑有據或有原由的分析，像這樣實際列出計算公式給他們看，就能令他們了解比起自己孑然一身獨居，一起共同生活更有它的好處存在。對於妳這樣一位有著此般實際思考能力的女人，他應該也會感到很放心吧！像這樣在男人的背後輕推他一把，就能幫助他們覺醒過來。

※等價可處分所得：可處分所得，指的是將全戶實際年收入減掉稅金、社會保險金等的非消費支出之後，剩餘下來的可用金額。將同一戶籍內所有人的可處分所得，除以戶籍內總人數的平方根，所得出的數值即為該戶家庭每位成員的平均生活水準金額。

✧讓效果更顯著的重點✧

將兩人共同生活比一人單獨生活還要來得好的優點，傳達給對方知道吧！

ONE POINT ADVICE

向「結婚詐欺師」學習
成功邁入戀愛階段的技巧！

結婚詐欺師顧名思義即是以結婚為前提接近對方，從對方身上騙取財物之後隨即人間蒸發的騙徒。

如果不中途銷聲匿跡而順利結婚，並在奪取錢財之後，故意上演一齣自甘墮落的放浪形象，惹得對方心生厭惡協議離婚，便是一樁完全犯罪。

邁向戀愛階段，就算男女雙方皆非結婚詐欺師，但也都是在相互演戲。而在演戲的方法上，倒是有很多值得向結婚詐欺師借鏡的地方。

外表……以俐落的髮型搭配合身的套裝、擦得發亮的鞋子，營造出爽朗、整潔的外在氛圍。

身分……詐欺師多半會佯裝成外交官、富豪或機師等高社經地位人士。一般人也可以藉由印些個人名片，用「○○研究家」或「○○同好會會長」等頭銜來抬高自己的身價。

個性……在遣辭用句上面扮演「人格高尚之人」，令人隨之傾心嚮往。

評價……事先安排好能自然為自己說好話的第三者，如店家老闆等。

只要營造出「為人處世的良好形象」，就能在「月暈效應」之下讓自己魅力四射。

第3章 戀人・夫妻篇

幸福的關係
該如何長久維持下去？

一眼看穿男人是否出軌的方法

謊言快被拆穿時的緊張態度會是什麼樣子？

情侶之間的某一方懷疑另一方有出軌嫌疑時，有個方法可以根據「對方表現出來的態度」來辨別對方是否在說謊。

雖然這樣的辨別方法並非絕對，但若是能事先知道方法，或許在面臨「就是此刻」的狀況下能派得上用場也說不定。

「你是不是出軌，和〇〇在一起？」可以像這樣突如其來地詢問對方。

如果兩人之間真的沒有關係，應該就能冷靜地說些「哎？你犯什麼傻啊（笑）。哈哈……」之類的回答，但如果真的有不尋常的關係，對方的內心就會開始疑心生暗鬼地思索「為什麼會被知道？」，因而突然變得狼狽起來。

此時，他們所顯露出來具特徵性的身體反應，便會如下所示。

「講話速度變快」……「妳、妳在說什麼，那、那種事是不可能、不可能的！」

「眨眼的次數變多」……這是想要緩解緊張、減輕壓力時的身體反應。

「向這邊凝視過來（以女性居多）」……「妳在ㄧ說什麼？」眼皮停止眨動地瞪視過來。
「內心已動搖卻裝出不感興趣的模樣」……做出大笑出來之類的過度反應。
「企圖要轉移話題」……「別說傻話！比起這個，○○後來怎麼樣了？」之類。
「目光飄移」……陷入慌亂之中，不曉得應該要怎麼做才好時，目光就會四處游移。
「手或臉不斷冒出汗來，雙頰變得通紅」……心跳數增多而使得脈搏過快。
「說話結巴或是一直講錯」……「誰、誰、是誰縮的……，那種事……」
「突然變得冷靜不下來」……突然站起身來開始踱步，坐立難安。
「惱羞成怒」……「誰、是誰，跟妳這樣胡說八道的！開什麼玩笑啊！」之類的話語。

隱瞞的事情被人點了出來，而且還是一語道破，人們通常都會顯得過度驚慌起來。因為他們被迫面臨緊急狀況。

一開始會有所動搖，自然流露出身體反應，只要再被乘勝追擊，往往就會像是忽然想到似的，態度丕變地反問「這麼說的話，妳有什麼證據嗎？」。

此時，可以回答「當然有啊！」，試著引誘對方說溜嘴。

「有人看到之後跟我說的。」繼續拋出這類言語，持續觀察對方的反應。

觀察對方回答時的「眼睛、嘴巴、說話方式」微表情，識破謊言！

這麼一來，對方或許就會更加地動搖。如果對方變得過度驚慌的話，就代表事情真的有什麼古怪，為了要確實掌握證據，就要從各種角度提出質疑。

根據微表情研究家的清水建二先生的研究，在對方回答這些提問的時候，將注意力集中在對方的「眼睛、嘴巴、說話方式」這三個地方，就能比較容易看破對方的謊言。

比方來說，當女人追問說：「那我問你，○○這個人和你是什麼關係？」之類話語時，男人的反應就會如下所示。

「眼睛」…………眨眼的次數意外地減少＝因為過度緊張而令眼周的肌肉緊繃。

「嘴巴」…………回答問題之後，做出嘴唇緊抿成一條線的表情＝為了讓自己不要說出多餘的話而將嘴唇緊閉。

「說話方式」……「妳問○○這個人和我是什麼關係……」將提問的部分內容像這樣鸚鵡學舌地跟述一遍，然後再做出回答＝為了要拖延時間，好讓自己可以慎重地做出回答。

如此一來，隨著接連的提問，就能在回答的方式裡面看出一個大概。

就算被男人反問「跟妳說看到的那個人是誰？」也可以用「那是秘密」來搪塞過去。就算最後得出一個草草敷衍的結論，倘若對方是真的有出軌的話，往後應該會變得更加謹慎。

僅僅只是有過這樣的對話，就能對男人起到牽制的作用。

另外，儘管女人對男人的出軌相當敏感，但還是要將男人天生就是見異思遷的動物這件事記在心上。

就算他們會出軌，也不會真的過於「偏離正軌」，往往都還是會回到「妻子」的身邊。

反倒是對男人過度窮追不捨，追究其出軌、責難其不忠誠，更會將男人逼到走投無路，更加容易投入其他女人的懷抱。如此一來，就會演變成再也無法言歸於好的關係。

女人成功牽制了男人之後，最好就不要再繼續往下深究下去。

只要讓事情就這麼不了了之，事態也就能夠平息下來。

實際上，比男人外遇還要更可怕的情形是女人外遇。因為女人一旦外遇，就很容易動了真感情。

「女人外遇」意味著萬事休矣！——這一點請男人謹記在心！

✧讓效果更顯著的重點✧

抓到男人出軌時，只要予以牽制就好。不過度窮追不捨，男人多半都會迷途知返。

優秀的結婚對象的鑑定方法

「價值觀」越相近的情侶越能夠獲得幸福！

不論是男是女，我想現在應該有不少人正在煩惱——和目前的交往對象結婚到底是好是壞？

現今社會上普遍廣為人知的擇偶條件中，「個性合得來的人」、「成長背景的經濟環境較為相似的人」被認為是較好的選項。

如果個性相差太多，將來有可能會變成一個爭吵不斷的家庭；在生活水準差距太大的環境成長的兩人，之後共同生活在一起則可能會出現各種問題。

這些事情，簡單來說就是在暗示我們——「價值觀」是個重要的因素。

如果男方的嗜好是賭博，那麼家中經濟就有可能捉襟見肘；如果是個愛喝酒又酒品極差的男人，日後家中就會猶如戰場。而如果女方是個虛榮心很強的名牌收藏者，這樣無論男人賺再多也趕不上錢花掉的速度。雙方的價值觀真的至關重要。

為什麼當初會跟這種人結婚呢？——要是入籍不到一年就後悔，那還真是令人難以承受！必須要先好好地磨練擇偶的眼光才行。

一個男人擁有或缺乏「上進心」和「決斷力」—是重點所在！

女人在選擇男性配偶時，最應該要考慮的就是——對方擁有多少或缺乏多少「上進心」和「決斷力」。這一點會成為判斷未來是好是壞的重要因素。

為了在不久的將來達成該項目標而正傾注全力——平時所付出的努力或用心良苦，在這樣明確的目標下，可以發揮到哪種程度，會成為一個男人「上進心」有無的關鍵所在。

一個只會一個勁兒地發公司牢騷，但卻連下個轉職工作都沒有考慮過的男人，到了中年以後也不會有什麼大成就。此外，約會的時候，遲遲無法決定要去哪裡、在餐飲店裡面對著菜單看了老半天也不知道要點什麼的男人，缺乏做出決斷的能力，工作方面也不太有出息。

在吃飯的時候，擺出一副吃得不怎麼津津有味的表情，一小口一小口吃進嘴裡的男人，精力不夠旺盛，周遭的人也都會對他敬而遠之，飛黃騰達的機會大概也很渺茫吧！選擇這種缺乏活力的男人，經濟方面也會很辛苦，進而漸漸開始爭執不斷。

不要選擇這類缺乏開創更好未來所需的「上進心」的男人，這點尤為重要。

單憑「美人」這項外貌來挑選女性配偶，定會後悔！

另一方面，男人在選擇女性配偶時，必須按照對方是否是位具有「包容力」的條件來做出判斷。

「包容力」的關鍵在於——是否具有能夠體貼地寬待男人的肚量。不會去否定、不會續批評、不會去無視男人的溫柔體貼。

如果眼前有一位女人，認為男人有著比女人更至高的地位，能夠站在男人的立場思考並且予以男人安慰，那麼她無庸置疑是個應該二話不說就牽手結婚的理想對象。

男人婚姻失敗作收的案例，多半是以「漂亮或可愛」的外貌作為擇偶的優先條件。

而男人之所以會想要和漂亮的女人結婚，一來是因為可以沉浸在身邊有美女相隨的「優越感」之中，二來是對外的時候，可以使**「聯想（association）的原理」**發揮作用。

所謂的「聯想的原理」，換句話說就是當一個男人，看到別的男人身邊有美女相伴，內心就會不由自主地將對方視為是個比自己還要「有能力的男人」。

這也就是說，容貌端莊美麗的美女所擁有的「外貌月暈效應」，也能和她身旁的男人產生連結。意即，對於美女抱有的良好印象，和男人的實力被人們聯想到了一起。賽車女郎能令人們對賽車的印象有所提升，也是相同的道理。

以女人的「包容力」為基準，就能建立起一個幸福的家庭！

如果對方是為價值觀合得來，也能夠有所共鳴的女性，那麼即使用美女的基準去做挑選也就不會有什麼問題。

然而，若是選擇一位明明價值觀上面合不來，徒有美貌卻缺乏包容力的女人作為配偶，日子就會過得很辛苦。日後將會在各種狀況下發生衝突，進而衍生出各種煩惱。

美女這種表象的部分會逐年褪去鋒芒，「包容力」卻是一輩子的。

擁有包容力的女人，遠比男人更為聰明且高明。

因而她們甚至也能對父權社會風氣展現出包容。

另外，越是優秀的男人，就越是擁有一種可以感受女性「包容力」的本能感知。

自覺缺乏「包容力」但又希望能和優秀的男人結婚的女性朋友，首要的重點就是要去扮演很有「包容力」的女人。

而在扮演寬容大度的同時，漸漸地也就能學會如何去包容。

✧讓效果更顯著的重點✧

擇偶關鍵在於女人要挑選有「上進心」和「決斷力」的男人；男人要挑選有「包容力」的女人。

不吵架就能令對方朝自己想要的方向做出改變的方法

重點在於男人不該魯莽地將「結論」、「解決方法」強壓到女人身上！

情侶之所以會吵架的理由，大多是起因於彼此價值觀的不同浮出檯面，並且想要將自己的價值觀強壓到對方身上，進而產生衝突。從雞毛蒜皮的小問題到個人的基本價值觀上的不同，為了不要因此產生種種爭執，必須要給予對方尊重。

經常會出現的狀況，大概就是男人無法對女人說的話抱有同感，並且單方面地想要將結論或解決方法強加到女人身上——這種出於男人大腦和女人大腦的不同而導致的局面吧！

「抱歉我回來晚了。我現在工作整個忙得不可開交。今天課長又交代了很多工作，明明已經跟他說了應付不來，卻還是硬把案子強塞給我，說什麼這禮拜完成就好……」

「妳老是這樣。這都要怪妳自己不好。因為妳都不明確地拒絕。」

「我有拒絕啊！可是他就直接把東西放到我的桌上，我有什麼辦法？他是我的頂頭上司啊……」

「就是因為他是妳的頂頭上司，妳才更應該要請他調整分配工作的方式，不然也只會更頭痛而已吧！妳好歹也要抱怨一下！」

「算了。我不想跟你說下去了……」

「搞什麼啊？妳這是什麼說話態度？我這可都是為了妳，才給妳這些建議的欸！」

女人只不過是想要有人傾聽訴苦，並且對自己的遭遇表示出理解，並不是想要尋求「解決方法」。

「又是那個課長喔——真是難為妳了！真是傷腦筋啊！」只要像這樣予以對方認同就可以了。

男女雙方都應謹記「良好的對話空間」，並在應答的時候多說「謝謝」！

此外，男女之間用命令句來表達意見，也是會引發吵架的導火線，所以也是NG的說法。

「啤酒，再拿一罐來啊！」↓「這個小菜好好吃喔！謝謝妳。可以再幫我拿一罐啤酒嗎？」

「冰箱門開了都不關，不要再這樣了！」↓「剛剛冰箱門是打開的，我已經先關上囉！」

先稱讚對方做的小菜，再用疑問句的方式請對方幫忙拿啤酒、只指謫冰箱門呈打開狀態的事實；在說話方式上面稍微用點技巧，在應答上多說些「謝謝」，就能讓營造出良好的對話空間。

凡是第一次挑戰的事情都不能缺少「稱讚」！

由於妻子的廚藝不佳，所以做丈夫的總是批評斥責「妳做的菜真難吃啊！太不會煮了！」，這對夫妻應該有相當大的可能，在不久的將來就會面臨大吵，最終走向離婚吧！

面對這種狀況，即便料理本身沒有什麼值得一提之處，也應該要針對其中的某個地方給予稱讚。

「妳做的這個炸雞塊，炸得剛剛好，調味也超棒的！超ー級好吃！」

「哎？真的嗎？太好了！這是我第一次做炸雞塊，我本來還擔心會不會失敗呢！」

反覆地進行這樣的操作，妻子也會對料理燃起幹勁，廚藝也就會越來越精進起來。以現今的新婚夫妻來說，大多數的新嫁娘缺乏下廚經驗是再理所當然不過的事情，必須要多給予稱讚，用言語鼓勵她們繼續往上深造。

「妳掃地的方式很仔細，真的很棒欸！這樣一來就能殺死塵蟎，一整個安心啊！」

「咦，是嗎？我這可是花了不少時間呢。你可以這樣想，我好開心喔！」

只要在妻子打掃完畢之後，像這樣向她搭個話，日後家中應該就能成為一塵不染的清潔空間，經常維持住井然有序的環境吧！

運用畢馬龍效應，令對方朝自己的理想邁進！

讚賞說「妳動作真俐落！」或「有活力的應答很不錯」等，在恰到好處的時機點時常稱許對方，替對方貼上「好的標籤」，這樣的行為被稱為「貼標籤」。當人們被貼上好的標籤時，內心「希望被肯定的欲望」便會獲得滿足。而所謂的「希望被肯定的欲望」是一種任何人都抱有的「希望被認同・希望被稱讚」的原始欲望。如此一來，在無意識中，「希望能夠常常被稱讚」的願望就會甦醒。不久，就會按照被貼上的標籤那樣去付諸行動。

心理學上將此稱為**「畢馬龍效應（Pygmalion Effect）」**或「期待效應」。

古希臘神話中，畢馬龍是賽普勒斯的國王，由於愛上了自己所雕塑出來的女性雕像，所以向神明祈禱，沒想到女性雕像真的變成了真人；這便是該稱呼的由來。這意味著，當一個人越是受到期待，其表現便越會迎合該項期待。

✧讓效果更顯著的重點✧

當男女雙方都謹記要營造良好的對話空間，就能建構起一個按自己期待去發展的人際關係。

如何成為對男人或女人來說不願失去的伴侶

什麼樣的女人會令男人想要提分手？

你知道男人或女人會在什麼樣的情況下，做出要不要和另一半「分手」的決定嗎？

首先，就男人的部分來說，多半都是以下這些情況居多。

- 被女友過度束縛……吃醋、過度干涉、回覆訊息的要求太過纏人。
- 任性且過於自我中心……擺出男方出錢請客是天經地義的態度，過度索要禮物。
- 情緒的起伏過大……動不動就理智斷線、啼哭、大吼大叫，對男人動用暴力。
- 極具批判性・否定性……時常批評男友或常說別人的壞話，思想負面。
- 沒格調又自甘墮落……不守時間、遣詞用字粗魯、房間很髒、不愛乾淨。

而其中，最令人想分手的狀況就是「被女友過度束縛」這一項。

男人一旦覺得自己的行為舉止受到女友的監控，通常都是會覺得對方是個「令人反感而且麻煩的女人」。曾經被前男友甩過的女性，是否有了一點頭緒呢？

什麼樣的男人會令女人想要提分手？

另一方面，就女人的部分來說，則是以下的例子居多。

在男友身上看到媽寶徵兆……總會談及母親。多數的言行舉止透露出對母親的依賴。

有較多過於霸道的言行舉止……常用老子中心主義的命令語調，開口就是粗魯的遣詞用字。

言行缺乏教養・常識……傲慢無禮地對待店員，不了解一般常識或教養。

對於金錢散漫隨興……滿不在乎地借錢，借了錢又不還，揮霍成性的人。

酒品很差，會暴力相向……事情不按自己所想地進行就會憤怒地暴力相向。

女人喜歡能守護自己的可靠男人，但前述幾項都有著與此恰恰相反的傾向。男人一旦給人如此地毫無責任感的感覺，就會被判斷成在一起沒有好處。曾經被前女友甩過的男性，是否找到癥結點了呢？

什麼樣的女人會令男人不願分手？

那麼，會令男人覺得不想要分手的女人，又會是什麼樣的類型呢？
只要將那些會令男人覺得「好想要分手」的狀況反過來思考，就能夠得出答案了。

不會拘束男友……………當男友想要獨處時，會默默地給予足夠的個人空間。
時常為男友竭盡所能……尊重男友身為男人的立場，令其感受到忠貞。
能包容且對男友很好……手作料理或做便當給男友，留意他身邊的大小事。
對男友給予肯定…………時常給予「你沒問題的！」的鼓勵。
不失典雅風情……………在床上充分滿足男人的征服慾望。

男人總是想要成為女人心中的英雄。他們希望女人能夠給予他們自信，在他們戰敗負傷時予以慰藉，在他們偶爾想要獨自思索某個問題的對策時，靜靜地給予他們獨處的空間。明明男人沒有開口請求協助卻擅自向他們給出建言，是一種大忌。因為這視同是帶給男人一種「單憑自己一個人的力量，成就不了大事」的感覺，是個相當冒犯的行為。男人天生就是自尊較高的生物，女人對此必須要先在內心有個底。男人會有股想要教人的渴望，這對女人來說最重要的一點就是要成為一位「好教的學生」。

什麼樣的男人會令女人不願分手？

那麼，會令女人覺得不想要分手的男人，又會是什麼樣的類型呢？

有著對未來的上進心……時常顯露出朝著夢想或目標努力的姿態。
能夠溫柔體恤女友……對女友的心情感同身受，不失紳士態度。
令人感受到知性和良好教養……凡事熱心討究，對他人也都採取親切以告的姿態。
相當有金錢觀念……具有該花就花、當省則省的金錢觀念，將來也相當可靠。
喝酒不失態有分寸……具有不會過度放縱自己的節制心，讓人相當放心。

男人都會希望能成為女人心中的英勇騎士。故而最重要的一點就是不要忘了騎士精神。

✧讓效果更顯著的重點✧
也必須要更加留意男人和女人彼此之間思考習慣的差異。

為了不讓另一半出軌 男人與女人各自應該採取的手段

男人的單項豪華主義，並非只限於「獨善其身」！

前面一節文章中，我們探討了如何「成為不會有人想跟自己分手的類型」的方法，然而你是否知道——實際上，主動提「分手」的一方，壓倒性地以女性居多。

因此，這個世上有過較多失戀經驗的，是男人這一邊。

而且大多數男人的失戀經驗，都是突如其來地被女方告知「要分手」。

不明所以，「始料未及」的唐突要求——有很多人事後回想起來，都會如此覺得。

這正意味著——大部分的男人都錯過了女人所發出的「想分手警訊」，所以才會在實際被告知「要分手」的時候，第一次感受到那股衝擊。

我們前面已經提到過，男人往往只會在交往之初，充滿對戀愛的熱情，而這股熱度會在有過性愛關係之後急速地消退。也就是說男人容易有「把魚釣到手就不再給餌」的傾向，但是女人對男人的熱度是逐漸向上攀升的。

在女人對愛情熱度漸漸上升的過程中，男人對待女人的方式也會盡收她們眼中，然而男人對這點卻是漫不經心的。男人的想法偏向只要偶爾帶女人一起去趟旅行作為重要的約會活動，或是偶爾送個貴重的禮物，就能向她傳達自己的愛。

因為男人大多抱著「單項豪華主義」，認為偶爾做一件大事就夠了。

然而，男人必須要知道，這樣的想法反而會招來苦果。

女人奉行「減分主義」，會逐漸扣減男人的分數！

女人會從男人平常的貼心舉止或協助之中，感受到男人對自己的愛，從中找到喜悅。在大熱天裡買冰淇淋給她、帶她去時髦的酒吧、贈送可愛的「布偶」給她、在兩人的紀念日送花給她——正是這種接連不斷的小小貼心之舉，令女人感到怦然心動。

女人只要男人持續這些舉動，就會覺得安心，但是一旦過沒多久就被男人置之不理時，她們就會暗自在內心扣減男人的分數。因為她們是減分主義者。

然後，當某一天分數扣減到零分的時候，就會對男人開口提「分手」。

男人之所以會對女人突然提出「分手」一事大感吃驚，正是因為這個緣故。

女方回訊息的速度變得緩慢起來、想要和女方親熱而約她出來時，被她以「工作很忙沒辦法」的藉口回絕、碰面的時候也不再像以前那樣緊盯著你的臉；對於諸如此類的改變，男人應該要及早有所警覺。

事先將「畢馬龍效應」烙印到對方腦海中！

一旦成為情侶，男人就會安心下來，有著將女方「置之不理」的傾向。

為此，女方這邊就會不斷地將男人扣分，一顆心也會漸漸飛走。

如果不想要從女人的口中聽到「分手」兩個字，男人就應該要更勤勉地追隨女人。比起單項豪華主義，隨時留意女人周遭的事物更為來得重要許多。

此外，還要不忘時常對其施加言語魔法。

「因為妳對我來說，是無可取代的人呀！」

「妳老是這麼替我著想，我一直覺得既感激又感謝！」

「我覺得在我至今為止認識的女人之中，妳是最真誠的！」

對女人的存在感表示稱許，男人必須要像這樣為女人對自己的情感奉上感謝。這樣的做法，也能成為一種「畢馬龍效應」，令女人更加地為自己意亂情迷。也能夠確實起到防止女人出軌的作用。

「畢馬龍效應」對男人也同樣適用！

當然，這類的話語並不只侷限於男人對女人訴說，由女人對男人施以這樣的言語魔法，也能發揮相當不錯的效果。

「就因為你是個做事認真的人，我才會這麼喜歡你。」
「因為你是個很真誠的人，我才能這麼放心地信賴你。」

做事認真而真誠——這樣的言語會烙印在男人的潛意識裡面，進而也就能侷限住他們的行為舉止。

✧讓效果更顯著的重點✧

男人應該要勤勉地追隨女人以討歡心，亦應加以活用「畢馬龍效應」。

讓遠距離戀愛能夠成功的方法

「絕大多數的遠距離戀愛都以失敗告終」是常識！

一對情侶如然不得不面臨男女雙方分隔兩地的情況時，應該要如何才能繼續交往下去呢？美國心理學家・博薩德（J.H.S. Bossard）針對５０００對即將步入婚姻的情侶去做調查，得出了一個結論。

「物理上的距離越近，男女之間的心理距離也就越近」

這便是著名的**「博薩德法則」**。

換句話說，遠距離戀愛很難開花結果——就是這麼一回事。

這樣的結論，從經驗法則上面大致也能夠想像得到，很大的原因是由於雙方之間很難取得情感交流。

一旦雙方遙遠分隔兩地，光是見上一面就要花費不少的「時間、金錢、勞力」。

再加上相隔兩地的期間，雙方各自接二連三地發生小小的改變，而這些改變在兩人的交往關係之中，與其說會帶來正面作用，往往還是更常引發負面效應。

即便有傳訊息或打電話相互告知彼此的近況，也很難知道對方對那些改變抱持什麼樣的看法，也就逐漸越來越難以捉摸對方的感受或心境。

這樣一來，漸漸地，雙方之間打電話或傳訊息的交談機會也會隨之遞減，也就可能會演變至其中一方單方面地告知要「分手」的局面。

應如何避免遠距離戀愛破局？

為了不要讓一段遠距離戀愛以失敗告終，有哪些事情是必要的呢？

首先第一個可以想到的就是，不要勉強地去填補相隔兩地所造成的「空白」。人一旦和戀人分開，就會變得不安，而之所以會感到不安，就是因為害怕對方會不會找到另一個取代自己的「新的戀人」——除此之外再沒有別的擔憂因素。

越是害怕擔心地做出那樣的想像，就越會不由自主地束縛住對方。

其中一方單方面地受到另一方的束縛——一旦有這樣的感受就會覺得有負擔。

被束縛的一方在感到厭煩的同時，也會去思忖——難道自己真的那麼不值得信賴嗎？

如此一來，緊迫盯人的那一方就成了另一伴眼中的可疑人士。

為了不要令事態淪落至此地步，容易感到不安的人必須要能夠堅定自己的意志。

其中一方對另一方越是表現出強烈的戀慕，說不定甚至會引起「最小關心原則」（162頁）的情感變化。

不要頻繁地聯繫對方！

由於雙方都要重新去面對戀人不在身旁的新生活，不論是傳訊息或打電話也都應該要暫時有所節制。

正是因為對方都不太主動聯繫，才令自己更加地想念對方。

比起頻繁地聯繫對方，減少聯繫次數反而能令對方急躁牽掛。

這部分的置之不理，只需要做到對方比自己還要擔心的程度就可以了。

收到訊息之後稍微晚一點回覆，也會比收到訊息就立刻回覆還要來得更為妥當。

勇於去挑戰，創造屬於兩人的嶄新回憶！

另一個應該銘記於心的事情則是，不要頻繁地見面。

因為只要一想到要見對方，就會覺得很麻煩。

光是交通費就不容小覷。

當付出的「金錢、時間、勞力」成為一種負擔，要不了多久，那些負擔就會變成一種沉重包袱。如果其中一方的負擔過於沉重，難免也會想要發發心中的牢騷。

為了不要讓情況演變至此，見面的地點約在雙方所在地的中間點，或是鄰近其中一方所在地的地點會比較好。

雙方都可以遠離目前的居住地，彼此一起互相探索並開拓新的交流地點。這樣一來，也可以分享兩個人一起冒險的心境。新的共同經歷，也會在兩人的交往紀錄上面逐漸增添越來越多的回憶。

如同此般，不用訊息或電話來拘束對方，共同在兩地的中間點等地區探索新的約會見面地點，應該就能致使兩人的關係長久維持下去。

不要把遠距離交往想成「運氣不好」，而是應該要將它視為是一個「嶄新的機會」！

✧讓效果更顯著的重點✧

秉持姑且一試的精神面對「遠距離戀愛」，就能獲得新的體驗並維持住這段感情。

在外偷吃快要穿幫時敷衍了事蒙混過關的方法

雖然「偷吃」對男人來說無足輕重，對女人來說卻是事關重大！

對男人來說，「出軌」不過是基於生物學本能使然——除此之外沒有別的原因。因此，男人對於「在外偷吃」也就看得很輕。有很多男人會覺得——去應召站光顧根本就算不上是「出軌」。也有一些男人，明明家中已經有了妻子，卻還是將和公司女職員上床視為家常便飯。「即便和對方有著情人關係，只要還不到打算有孩子的地步，維持肉體上的關係根本就還稱不上是『外遇』。」——甚至還有存在著會發出這類豪語的男人。

男人眼中的「偷吃」，就如同字面上的意思那樣，是種「口味變換」，而非「正餐」，對這樣的小事厲聲指責反而才奇怪——抱有這種想法的男人尤為人數眾多。

然而，女人對於男人的「偷吃」卻是意外地有潔癖。

只要男人對自己不忠，就會認真地提出離婚——從女人多數抱持這種想法的這件事來看，我們也不難去理解。徵信社這個職業，就是基於女人的這種心理所建立起來的行業。

多虧了「男人外遇」徵信社才得以生意興隆！

一個小時的費用多達2萬日圓的徵信社「跟蹤・監視」外遇調查，眨眼間就會花上五個小時～十個小時或更多時間，轉眼間一次的委託就要花費10萬日圓到20萬日圓不等。

如果調查的時候動用到了車子，就會再往上加收費用。再加上，即便委託對方在丈夫可能外遇的某一天或某個時間去做「跟蹤・監視」的調查，也有可能遇到那段時間內丈夫沒有出現不軌的舉動，該次跟監調查以揮棒落空作結。即便運氣好有拍到外遇現場（進飯店再到離開飯店）的照片或影片，但若要想在家事法庭上面獲得「對伴侶的不忠行為」的判決，光靠一次的外遇證據是不夠的，所以還需要繼續做追蹤調查，於是，50萬日幣～100日幣就這樣瞬間消失了。

這樣算下來，就算最後成功離婚並且獲得贍養費（一般行情是150萬日幣到250萬日幣不等），也是划不來的。婚後所累積下來的資產不是特別豐厚的話（婚後累積的財產需按照貢獻程度作分配），雖然不是相當低，但就性價比而言是不划算的。

然而縱使如此，身為女人還是無法容忍丈夫的外遇——正是因為這樣的想法，驅使她們衝進徵信社。

男人要是太過於輕鬆看待，等到事情萬一真的演變至此時，可就後悔莫及了。

趁「外遇」或「不倫戀」尚未穿幫，在短時間內及早結束才是聰明之舉！

有個說法是說——人們之所以會出乎意料地深陷在禁忌的「外遇」或「不倫戀」，是因為**「羅密歐與茱麗葉效應（Romeo and Juliet effect）」**。這是由於當兩人的戀情越是受到反對或阻礙，就越是會令他們產生一種「之所以會這麼相愛是因為彼此是真愛」的錯覺。換句話說，只要離婚並消除橫亙在中間的阻礙，兩個人的關係出乎意料地就會冷卻下來。當男人因為贍養費或財產分配而陷入「離婚後的貧窮」，外遇的女人也就更容易失去熱情了吧。

因此，外遇或不倫戀，最好都是在短期之內結束為上策。

要是戀情曝光，彼此之間的熱情太過高漲，就會演變成這樣奇妙的狀況。

當這段關係維持過久，雙方就會陷入**「沉沒成本謬誤（Sunk cost fallacy）」**的狀況之中，進而衍生出無法輕易說出分手的問題。而所謂的沉沒成本，指的就是已付出且無法收回的成本。

一思及雙方戀愛至今為止所付出的「時間、金錢、勞力」成本，就會覺得就此放棄實在是太過惋惜。好不容易投入的心血便顯得可惜。

舉例來說，自治團體既已計畫好的水壩或道路建設，即便發現不符合未來經濟效益卻仍然無法中止，也有很大一部分是基於這個效應。

危險的核能發電之所以無法中止，或許也有沉沒成本謬誤的作用在其中。

不管怎麼說，要是不及早在短時間內結束「外遇」，萬一被妻子發現，可就會陷入萬劫不復的激烈戰場。

外遇快要被拆穿時，用「出其不意的謊言」來矢口抵賴到底！

被妻子從丈夫的錢包裡面找到「精品飯店的收據」或「保險套」，或者是妻子窺看到丈夫用手機在上「交友網站」，進而察覺到丈夫可能有外遇的這些場面，身為男人可千萬不能因為這種程度的物證，就承認自己有外遇。

「那個收據是下屬去飯店拍攝新商品的樣品照的時候拿到的」、「那個保險套是一個同事去參加廠商辦的派對，玩賓果遊戲贏到的獎品，公司裡的每個男同事都有拿到。」、「會上交友網站是因為要找二十幾歲女孩子來當受訪員，都是為了要節省經費。」等理由，即便是聽上去相當牽強的藉口，也要冠上冠冕堂皇的理由，和「公司的工作扯到一起」。

最後再說一句「難道，妳是因為覺得我很受歡迎，所以才吃醋的？我真高興。」之類的話，持續地裝傻下去吧！在那之後，就只需要留意是否有徵信社的人在跟蹤自己就好。

◆讓效果更顯著的重點◆

「外遇」別穿幫、露水姻緣別變成孽緣，請及早在短時間內了結。就算外遇快要穿幫也不要自首。

讓男女各自吐露真心的方法

對於對方不願明說的話題不可以單刀直入地探問！

即便關係多麼地親暱，在男人和女人的談話之中，還是會出現對方不願明確表示、用曖昧的話語來草草帶過的情形。

「哎，那個部分就隨你自己去想吧……」巧妙地迴避掉話題。

面對跟自身秘密有關的事情或是對自己不利的事情，要是不含糊帶過就會讓事情變得棘手，所以會想草草帶過是人之常情。

在這種狀況之下，「那個部分是我最想知道的地方啊，跟我說嘛！」若仍舊這樣咬住不放，就會引發對方的拒絕反應，說出「不——行！」、「我不要！」。

此處越是採用正面進攻的方法詢問對方的真心話，就越會喚醒對方的警覺心。相反地，越是接近這種場面，就越是不能讓對方清醒過來。

取而代之應該要用若無其事的言語進行誘導，使對方掉以輕心，對方自然而然地就會傾吐心聲。

偽裝成「打個比方」、「假設說」、「虛構的故事」來刺探對方的真心話！

當女人突如其然地提出下面這例子中的疑問時，男人對此便產生了警覺心而含糊其辭，因而無從得知其真心話。

「欸，你的年收入，有達到500萬圓以上嗎？」

「咦？為、為什麼問這個？我、我的年收就一般水準啊！」

像這種不容易回答的事情，不能直截了當地問出口，要包裝成「比方說」的形式來詢問。

「打個比方，在你們公司，到了三十歲左右的年收能到400萬圓嗎？」

「嗯—，以前差不多是可以到那個程度啦。但是現在可能要到三十五歲左右吧！」

只不過是拋出「打個比方」就能令對方掉以輕心。因為這會令他們會以為那是個跟自己無關的話題。於是我們就可知道，年屆三十七歲的這個男人，年收好歹也有超過400萬日圓了吧！

故意裝出誤解的樣子，讓對方說出真心話！

一個人越是正直，越是討厭自己被人誤解。也可以一開始先稱讚對方，說些炒熱氣氛的話語，然後再用捏造的一般調查數據或普遍常識誘導對方說出真心話。

「如果是像妳這樣受歡迎的美女，大約20人，不對，應該跟30人交往過吧！」

「咦？哪、哪有那麼多啊。差不多快10人或不到10左右而已吧。」

「聽說二十幾歲的女人，平均都會有5、6個成人的玩具，妳也是嗎？」

「咦？那、那麼多嗎？小的也算的話，我是也有一個啦。」

故意裝出懷疑的樣子，讓對方說出真心話！

只要被人強烈懷疑自己說的話，或是被人指謫自己沒有常識，就會漸漸地失去自信，要不了多久就會做出妥協，坦白道出實情。

「好—厲害！你開的是要價一千萬圓的保時捷嗎？怎麼回事？」

「沒有啦，我就喜歡車子嘛！妳要的話，下次讓妳也來坐坐看。」

「可是，這麼貴的車你怎麼買得下手啊？你是在做什麼的？」

「咦？上班族開這麼貴的車子，很奇怪嗎？」

「很奇怪啊！會讓人覺得是不是在做什麼不好的勾當……二十幾歲就開保時捷真的很不尋常。」

「呃哈哈，其實是貸款買的60萬中古車啦。好歹也是保時捷嘛！」

故意坦承相對，讓對方說出真心話！

還有這麼一個方法，藉由偽裝成「自我坦白」的模樣，由自己主動坦白，就能令「互惠規範」發揮作用，讓對方也「自我坦白」地吐露真心話。

「我，好像懷了你的孩子。安全期弄錯了。」

「欸？喂喂，妳等等。我覺得結婚還太早了」

沒有打算結婚的心聲，就這樣暴露了出來。

✧讓效果更顯著的重點✧

事先記住誘導對方說出真心話的訣竅，就能於必要之時，在各方面派上用場。

透過相親去達成結婚目標的方法

「戀愛結婚」過於耗時，但若是「相親結婚」就能進展快速！

現今社會以「自由戀愛結婚」為主流。首先，要在熟識之後開始交往。等同是一段磨合期，看看彼此之間到底合不合適。

要是各方面都算合得來，也交往得久了，結婚這件事也就會進到視野裡了吧！

然而，這種模式裡面，卻隱含了相當程度的缺點存在。

某一項調查中，順利共結連理的夫妻的平均交往時間，竟出現長達四年半這樣的數據。交往的時間異常地長。

一般來說，只要交往長達三個月，大概就能建立起摸透對方底細的熟識關係。儘管如此，遲遲不邁入婚姻卻還是交往了這麼久的時間，究竟是為了什麼？

老實說，雖然不太清楚要不要跟這個人結婚，不過又沒有更適合的對象，所以就一拖再拖地交往下去，拖到最後實在沒辦法，只好結婚——或許也可以想成是這樣的經過。

如果事情真是如此，未免也蹉跎了太多的時間，萬一遇到重頭再來過的狀況，還要背負失去的青春無法挽回的風險——應該也可以這麼說吧！

另一方面有資料顯示，若是涵蓋婚姻介紹網站在內的「相親結婚」，有人從認識到決定結婚只花了三個月，之後舉辦婚禮或辦理結婚登記再花三個月，合計半年就達成了結婚的目標。

通常只要三個月到半年，就能決定要不要結婚！

我們在第一章已經介紹過，男人和女人之間逐漸關係親密的過程，如下項示。

1 藉由「單純曝光效應」，讓彼此漸漸地習慣對方並親近起來。
2 透過「共通點．相似定律」，增加彼此的相似之處、有共鳴的事物。
3 利用「互補原理」，建立起彼此之間截長補短的互補關係。
4 運用「自我坦白的原理」，發展成可以相互理解彼此的秘密或家庭事務的關係。

按照這個過程去進行，三個月到半年的時間可說是相當綽綽有餘。

自由戀愛情侶之於「結婚」，對女人而言風險較大！

經歷過這四個階段之後，親密度不斷加深的就會成為情侶，然而男人和女人的思考，在這個階段卻存在著相當大的差異。

男人——對於和女方結婚一事並未多想。
女人——會開始想著和男方結婚的事情。

換句話說，男人具有較為強烈的傾向，會清楚地將「談戀愛」和「結婚」視為兩碼子事。因此，這個階段對於想要步入婚姻的女人來說，存在著相當大的風險。因為男人即便可以和女人長久交往下去，還是有可能不會走到結婚這一步。

女人應該要趁早投身「結婚活動」！

近年來在日本，經濟方面較為困頓的年輕族群正逐漸增加。有越來越多的男人，因為在經濟方面感到不安，也就不敢去想結婚這件事——女性朋友也必須要考量到這樣的現實。

如果一個女人的人生藍圖是建立起一個經濟基礎穩定的家庭，並且儘早生育孩子，那麼她和行事拖沓又優柔寡斷的男人所談的「戀愛」，就可以稱得上是「不論交往多久都是一種損失」的狀況。於是事情就會變成——有著這種認真想著要早點「結婚」想法的女人，更應該要早一點投身到以「想結婚」為前提的「相親活動」。

基本上，會參加聯誼活動或商店街聯誼的男性，多半都是尋找能夠上床的女朋友為目的，所以這兩項活動並不包含在此處所指的「相親活動」範圍內。

女人如果想要及早達成「結婚」這個目標，就應該去參加會幫忙介紹或仲介以「結婚」為前提的男人的聚會。在那些聚會上面，以同時進行的方式和複數的男人約會也是可行的。挑選出自己覺得「這不錯！」的男人，每個都相處一到三個月看看，就能用較快的速度邂逅理想伴侶。未婚女性就更應該要開始展開「結婚活動」。

✧讓效果更顯著的重點✧

若以「結婚」為目的，比起「談戀愛」，參與「結婚活動」絕對更加有效率得多。

讓伴侶之間的關係永久持續下去的方法

「分手」這類詞彙是禁忌用語！

在伴侶之間，有些話就算是在吵架的情況下，也絕對不能說出口。

男女之間的禁忌用語，便是「分開」、「分手吧」這類表達別離之意的詞彙。這是因為經常說出這些詞彙的伴侶，可以很肯定地說，有極高的機率會走向分手。若是一段遲早會想要破壞掉的關係，那麼滿不在乎地說出這種話也沒關係，但如果那是一段想要和對方長久走下去的關係，即便架吵得再兇，這些話也絕對不能說出口。

言語之中存在著「言靈」——你是否知道有這回事呢？日本從很早以前開始，就存在著「言靈信仰」這樣的語彙，訴說著言語之中帶有「靈性」或「神秘性」一事。這或許是，言語會在不知不覺間滲透進潛意識深處，形成一種印象，成為一種支配我們行為舉止的存在吧。這意味這言語對人們起到了暗示作用。「我們或許會分手」——這種烙印在潛意識裡的記憶，會驅使人們無意識地朝著那個方向付諸行動。

被「反轉效應」所引導！

當我們在潛意識中覺得「或許不會進行得很順利」，即便我們有意識地竭盡全力去努力，也無法將事態轉往順利進行的方向去。法國的心理學家，同時也是自我催眠療法創始者的愛彌爾・庫埃（Émile Coué）提出了一個**「反轉效應（Reversal effect）」**的理論，其內容如下所示。

在意志力和想像力（印象）相反的情況之下，想像力會勝出。越是憑藉意志的力量去做努力，想像力就越是會隨之加強，進而演變成「與該意志所做的努力」相反的結果。
意志力和想像力相反的情況下，想像力（印象）會和意志力呈2倍正比。

這意味著，就算心中多麼懇切地希望自己的戀情能夠開花結果，只要腦海中存在著「搞不好，我們會分手也說不定」這樣的潛意識，那麼終究還是會朝著「分手」的分向發展下去。

「威脅」和「安心」兩者之間的關係是？

即便我們原本是打算要依照理智行動，最終還是難逃動物本能的控制。

換句話說，本能也存在於我們的潛意識裡。本能經常依附在求生欲望之下，在判斷和對方的關係之間是否存在「威脅」、是否可以「安心」的這類事情上面，是非常重要的依據。

天生面容兇惡的人、怒火中燒的人、擺出不悅表情的人、瞪眼相視而來的人……這些全都是會令我們覺得受到「威脅」的存在。

而這個世界上，到處都充滿了「威脅」。「威脅」會令我們產生強烈的緊張感，藉以敲響身體裡的安全警示鐘，但這卻是一種非常令人不愉快的感受。

而會引發這種「威脅」感的人，往往都是令我們感到相當危險的存在。與「威脅」對立的則是苦痛、是壓力。

所以我們才會想要遠遠地逃離「威脅」。

「笑容」會成為呼喚幸福的原動力！

與「威脅」相反的是「安心」。而安心往往伴隨「笑容」而來。

被別人「笑容」以待之時，我們會產生一種安心而放鬆的愉快感受。

因此，伴侶之間想要長長久久地走下去的話，相當重要的一點就是雙方都要經常地展露「笑容」。就算是佯裝出來的笑容，也能發揮令人「安心」的作用。

此外，只要面帶「笑容」，即便遇到令人厭煩的事情，心情也會稍微舒坦起來。

有個說法稱為**「詹姆士-朗格理論（James-Lange theory of emotion／情緒末梢起源論）」**。「不是因為開心所以露出笑容，而是因為面帶笑容而變得開心起來。不是因為悲傷所以落淚哭泣，而是因為泫然垂淚而變得哀傷起來。」指的就是這麼一回事。

站在鏡子面前，一邊看著鏡中的自己，一邊讓自己露出「笑容」，心情應該就會漸漸地爽朗起來。伴侶之間發生爭吵時，其中一人先收起難看的臉色，即便是強顏歡笑也要讓臉上露出有朝氣的「笑容」。只要面帶「笑容」地說出「對不起」，對方應該也就會回以「笑容」才對。如果想要成為一對永遠幸福的伴侶，時常保持面帶「笑容」是相當重要的一件事。因為有「笑容」的地方，幸福必定就會到訪。

✧讓效果更顯著的重點✧

「分手」這個詞絕對不要用到。只要時常面帶笑容，就能成為一對幸福的伴侶。

PROFILE

神岡真司（Kamioka Shinzi）

職場心理學專家，領導日本心理能量研究所。
以最新的心理學理論為基礎，指導上班族提升溝通技巧，獲得高度評價。以企業為對象舉辦各種研習講座、培訓，以及人力資源開發諮詢等，各方面都十分活躍。

著有：《才能が見つからないまま大人になってしまった君へ》、《相手のすべてが見透かせる 支配できる ヤバすぎる心理術》（ワニブックス）、《口ベタでも、人を動かすうまい質問》（永岡書店）、《効きすぎて中毒になる 最強の心理学》（すばる舎）、《コワいほど お金が集まる心理学》、《コワいほど使える アブない心理学》（青春出版社）、《相手にNOといわせない「空気」のつくり方》（宝島社）、《思い通りに人をあやつる101の心理テクニック》（フォレスト出版）。
監修有《ヤバい心理学》（日本文芸社）等書。

信箱：kamiokashinzi0225@yahoo.co.jp

封面拍攝地點

Papa 在三芝

秘藏在北海岸小徑，望得見海，曬得到陽光，整片天空都是你的。

有手沖咖啡，有甜美蛋糕，有興趣的話還能插花捏陶。

老闆說：「不一定要跟『咖啡店』這個名詞妥協，生活是自己定義的，先做出喜歡的樣子，頻率對的人自然會靠近。」

所以，你可以選擇坐吧台聽老闆娓娓道來他的故事，也可以踅到庭園靜靜跟自己來一場對話。

「Papa 在三芝」就是這樣一處所在。

地　　址	新北市三芝區陳厝坑 76 之 1 號
電　　話	0955-030-849
營業時間	不定期休息（採臉書預約制）
臉　　書	Papa 在三芝

Special service

老闆會幫你寄愛的明信片喔！

店內提供老闆自行拍照設計的明信片，可以讓顧客當場書寫，把未曾說出的感謝、思念、愛，寄給身邊想珍惜的人，鼓勵大家 # 愛要及時！

重點是～明信片免費外加免郵資，天涯海角都使命必達幫你寄到。

老闆會幫你在店內外拍照喔！

拍的可不是一般比 YA 比愛心的遊客照，老闆會幫你喬位置喬光線喬表情（？），能夠抓住你當下的心情、同時融入當地情境，把美好記憶濃縮貯存在宇宙的流光裡。

TITLE

你的愛情不必太仙氣

STAFF

出版　瑞昇文化事業股份有限公司
編著　神岡真司
譯者　黃美玉

總編輯　郭湘齡
文字編輯　蕭妤秦　張聿雯
封面設計　許菩真
美術編輯　許菩真
排版　執筆者設計工作室
製版　明宏彩色照相製版有限公司
印刷　桂林彩色印刷股份有限公司
　　　綋億彩色印刷有限公司
法律顧問　立勤國際法律事務所　黃沛聲律師
戶名　瑞昇文化事業股份有限公司
劃撥帳號　19598343
地址　新北市中和區景平路464巷2弄1-4號
電話　(02)2945-3191
傳真　(02)2945-3190
網址　www.rising-books.com.tw
Mail　deepblue@rising-books.com.tw

初版日期　2021年2月
定價　320元

國家圖書館出版品預行編目資料

你的愛情不必太仙氣：最接地氣愛情心理學/神岡真司編著；黃美玉譯. -- 初版. -- 新北市：瑞昇文化事業股份有限公司, 2021.02
128面；14.8X21公分
ISBN 978-986-401-469-9(平裝)
1.戀愛心理學 2.兩性關係

544.37014　110000284